AF473758

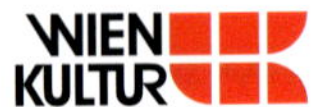
WIEN
KULTUR

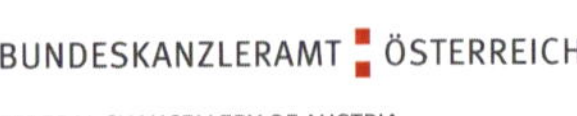
BUNDESKANZLERAMT ÖSTERREICH
FEDERAL CHANCELLERY OF AUSTRIA

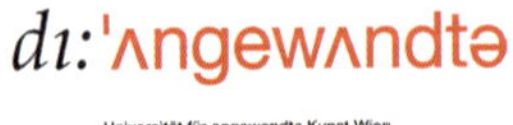
dı:'ʌngewʌndtə
Universität für angewandte Kunst Wien
University of Applied Arts Vienna

Dimitris Manikas

Reisezeichnungen • Travelling Drawings • Ταξιδιωτικά Σκίτσα

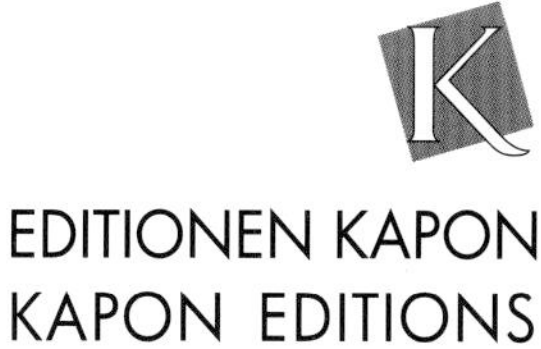

EDITIONEN KAPON
KAPON EDITIONS

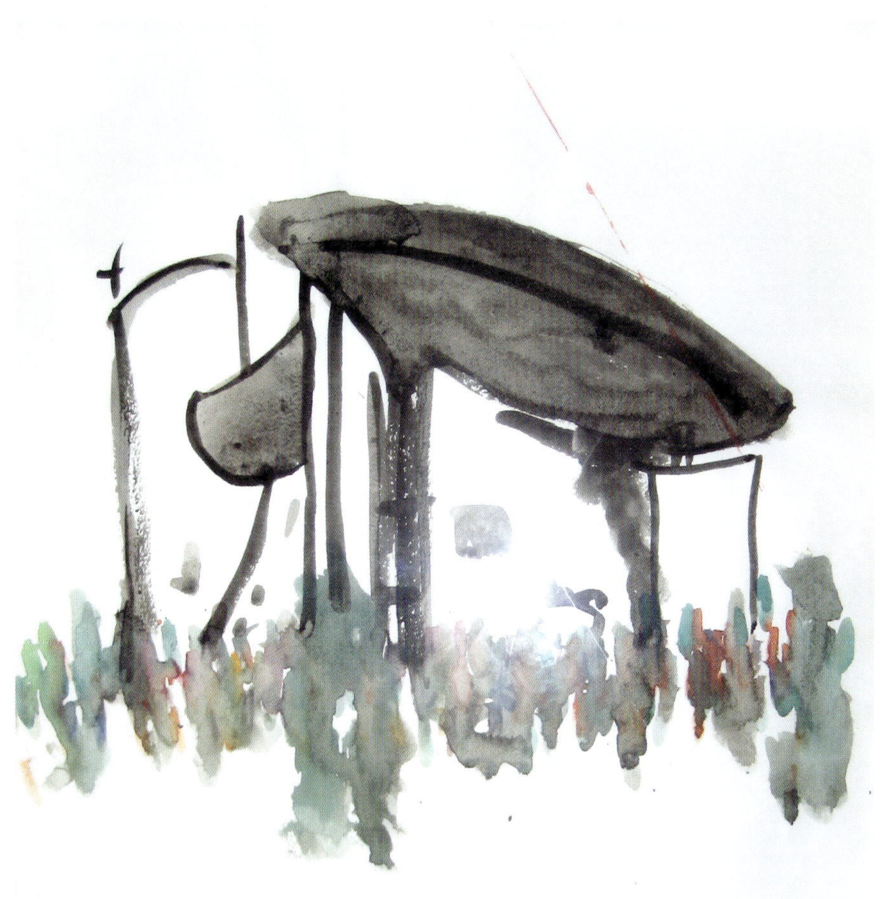

Ronchamp: Notre-Dame-du-Haut (Le Corbusier), 1968

Zeichnen auf Reisen

Es fällt uns vielleicht gar nicht mehr auf, aber Skizzen und Handzeichnungen finden sich immer seltener im Programm internationaler Ausstellungen zur Kunst der Gegenwart. Diese sind zu Materialschlachten verkommen, in denen große Formate und raumgreifende Installationen das Intime und Persönliche verdrängt haben. Das gezeichnete Festhalten von Gesehenem und Erlebtem ist so gut wie völlig verschwunden. Die Mini-Kamera und das Foto-Handy haben im privaten Bereich diese Funktion übernommen. Den Skizzenblock gibt es nur mehr selten.

An den Kunstakademien wird das Freihandzeichnen kaum mehr gelehrt und wir haben vergessen, dass ehemals am Beginn so gut wie jedes künstlerischen Prozesses die Zeichnung oder Skizze stand. Die Wiedergabe einer optischen Erfahrung – und sei dies noch so einfach und auch wenig „künstlerisch" – gehörte zum Bildungsstandard nicht nur bürgerlicher Kreise. (So erfuhren auch die Kinder Maria Theresias mit mehr oder weniger Erfolg eine bildnerische Erziehung). Eigentlich ist es ein Paradoxon, dass den gezeichneten Vorstudien und Entwürfen, die die großen Meister zu ihren Arbeiten anfertigten, zuletzt fast mehr Interesse als den vollendeten Werken entgegengebracht wird. Die Fertigkeit des Zeichnens war eben die schöpferische Basis für Maler und Bildhauer, aber auch für Architekten.

Skizzenbücher von Hand wichtiger Künstler mit den auf Reisen gesammelten Eindrücken füllen in großer Zahl unsere Museen, Sammlungen und Bibliotheken. Sie waren besonders im 19. Jahrhundert ein nahezu unverzichtbares Requisit jeder Künstler-Reise, doch wir kennen nur die wenigsten von ihnen. Selten begegnen wir ihnen als Begleitobjekte einschlägiger Ausstellungen. Doch das Blättern darin bleibt uns auch dann verwehrt.

Dimitris Manikas ist Architekt und er hat sein zeichnerisches Handwerk noch an der Technischen Hochschule in Wien erlernt, lange vor der Alldominanz des Computers. Doch hier soll nicht von den Zeichnungen eines planenden oder entwerfenden Baukünstlers die Rede sein, sondern von einem mit offenen Augen Reisenden und dabei das Wesentliche Erkennenden, von einem Künstler, der mit Tuschfeder, Filzstiften oder Buntstiften eine architektonische Situation mit wenigen Strichen zu erfassen weiß. Unter den im Laufe vieler Jahre entstandenen Reisezeichnungen dominieren die Motive aus Griechenland, seinem immer wieder besuchten Herkunftsland, etliche Blätter zeugen aber auch von einem weitgereisten Mann, der sich in Frankreich, Italien, Mexiko und China und anderwärts umgesehen hat.

Der Autor dieses Beitrags erinnert sich gerne an jene viele Jahre zurückliegenden Reisen, die er mit Dimitris Manikas am griechischen Festland, auf den Athos und zu einigen Inseln der

Ägäis unternehmen konnte. Mit Ausnahme eines uns beiden gemeinsamen Künstlerfreundes, des vielreisenden Malers und Graphikers Herwig Zens, kenne ich keinen Künstler, der vor einem besuchten Denkmal, vor einem Gebäude oder vor einer Landschaft seinen Zeichenblock zückt und nach einer meist kurzen Suche nach einem geeigneten „Point of view" das gewählte Motiv zu Papier bringt. Heute geschieht dies im Allgemeinen durch ein Foto. Die optische Linse ersetzt das kritische und selektive Auge, der Anteil kreativer Gestaltung eines Bildes reduziert sich auf ein kaum wahrnehmbares Minimum.

Dimitris Manikas' Sichtweise ist zweifelsohne immer die eines Architekten. Es geht ihm um Strukturen, um statische Gesetze, um das Erkennen von Regeln der Ästhetik und um korrektes räumliches Empfinden. Ganz besonders inspirieren ihn die kubischen, fast kristallinen Erscheinungsformen der anonymen griechischen Architektur, aber auch die malerischen Aspekte der Athosklöster, deren organisch gewachsene Architekturkomplexe er treffend erfasst. So gut wie alle Arbeiten sind zentrumsbezogen, d. h., Manikas füllt keinen vorgegebenen oder ideellen Rahmen mit seiner Zeichnung, sondern setzt seine Motive frei in den Raum. Er isoliert sie bisweilen von ihrer in der Realität vorhandenen Umgebung und erreicht dadurch eine Betonung des Wesentlichen. Das Geschwätzig-Vedutenhafte weiß er stets zu meiden.

Von besonderem Interesse ist es, wenn man eigene Reiseerinnerungen mit dem vergleicht, was der Zeichner Manikas gesehen und festgehalten hat. Stimmt beides wirklich überein, oder ist beim Betrachter eine späte Revision des im Gedächtnis Gebliebenen angebracht? So wird die Beschäftigung mit Manikas' Zeichnungen zu einem reizvollen Spiel, aber man ist sich bald sicher, dass hier niemals gemogelt, geschönt oder unnötig idealisiert wurde.

Manikas ist äußerst sachbezogen, kein Träumer oder Phantast, und so sind seine Reiseskizzen auch keine Versuche, sich in Entwicklungsströme der Kunstgeschichte einzubinden. Es sind souveräne, gekonnte und stets vom Interesse am Motiv geprägte Zeichnungen. Auch wenn die in diesem Buch abgebildeten Arbeiten nicht kontinuierlich, sondern über viele Jahrzehnte hinweg entstanden sind und uns nicht zu Begleitern einer einzigen Reise machen, bleiben die darin enthaltenen Zeichnungen ganz persönliche Tagebuchblätter. Es sind Dokumente der Begegnung mit Bauten und Landschaften, die über das Topographische bei weitem hinausweisen. Vor allem zeugen sie von Manikas' Liebe zur Architektur in ihrer Ursprünglichkeit.

Wolfgang Hilger

Travelling Drawings

Perhaps we do not notice it any longer, but sketches and hand drawings are increasingly rare in the program of international exhibitions on contemporary art. They have degenerated to material battles, within which large formats and voluminous installations have displaced the intimate and personal scale. The capturing of sights and experiences in the form of sketches has almost vanished completely. Miniature and mobile cameras have taken over this part in one's private life. The sketchbook rarely exists any longer.

Freehand drawing is hardly taught at art academies and we have forgotten that the drawing or sketch has stood at the beginning of almost every artistic process. The reproduction of an optical experience —no matter how simple or little 'artistic' it may be— not only belonged to the educational standards of the bourgeois society. (Thus also Maria Theresia's children received a visual-arts education, albeit with greater or lesser success). It is actually a paradox that, at the end, almost more attention is given to the hand drawn studies and preliminary designs that the great masters produced, than their final works. The ability to draw was undoubtedly the creative source for painters and sculptors as well as architects.

Sketchbooks of hand drawings by important artists with their collected travel impressions fill to a great extent our museums, collections and libraries. Especially during the 19th century, they were an almost indispensable part of every artist's travels. We, however, only know the fewest of such works.

I gladly remember the many years of past travels, that I was able to undertake with Dimitris Manikas. Travels brought us to the mainland of Greece, Mount Athos, as well as several Aegean islands. Except for an artist acquaintance we both share —the much travelling painter and graphic designer Herwig Zens— I do not know of any artist who pulls out his sketchbook in front of any monument, any building or any landscape and is able to reproduce a specific theme on paper after having chosen an appropriate 'point of view'. Today, this generally happens by taking a picture. The optical lens substitute the critical and selective eye. The aspect of creatively configuring an image is reduced to a hardly perceivable minimum.

Dimitris Manikas' perspective is undoubtedly always the one of an architect. His focus lies upon structures, static rules and the emergence of aesthetic rules, as well as an accurate spatial perception. He gets more inspired by the cubic appearances of anonymous Greek architecture. Further, he also aptly captures the picturesque and organically grown Monasteries of Mount Athos. Manikas does not fill a preconceived or ideal frame with his drawings. He places his motifs in free space. To some extent he even isolates these motifs from their actual context. He thereby achieves an emphasis on its essential aspects. He knows how to avoid the blithering character of a Veduta.

The comparison of one's own travel memories with those that the designer Manikas saw and captured is of great interest. Are both views the same or has the viewer imposed a later revision on the remaining memory? Thus, the work with Manikas' drawings becomes an appealing game. But one is soon convinced that here nobody cheated nor beautified, nor unnecessarily idealized anything.

Manikas is extremely pragmatic. He is no dreamer or visionary. Thus his travel sketches are also not an attempt to embed his views within the developmental currents of art history. They are confident and competent drawings, continuously coined by an interest for the motif. The drawings shown in this book are not produced uninterruptedly, but evolved over many decades. Even if they do not allow us to become companions on a single travel journey, the drawings provide us with the very personal pages of a diary. They are documents of encounters with buildings and landscapes, which go far beyond the topographical. More than all they manifest Manikas' love for architecture in its originality.

Wolfgang Hilger

Ταξιδιωτικά Σχέδια

Ίσως δεν το παρατηρούμε πια, αλλά τα σκίτσα και τα σχέδια που γίνονται με το χέρι σπανίζουν όλο και περισσότερο στο πρόγραμμα των διεθνών εκθέσεων σύγχρονης τέχνης. Στις μεγάλες μάχες που δίνονται για τα υλικά, μεγάλα σχήματα και ογκώδεις εγκαταστάσεις έχουν αντικαταστήσει το οικείο και το προσωπικό. Η καταγραφή αξιοθέατων και εμπειριών με τη μορφή σκίτσων έχει σχεδόν εξαφανιστεί — μικροσκοπικές και φορητές κάμερες δείχνουν να έχουν αναλάβει πια αυτόν τον ρόλο, ενώ το τετράδιο ιχνογραφίας τείνει να εκλείψει.

Το ελεύθερο σχέδιο κοντεύει πια να καταργηθεί ως μάθημα στις σχολές Καλών Τεχνών, κι όμως, κάποτε αποτελούσε αναπόσπαστο υλικό και προϋπόθεση κάθε δημιουργικής διαδικασίας (είτε αυτή αφορούσε ζωγράφους, γλύπτες ή αρχιτέκτονες), ενώ η αναπαραγωγή μιας οπτικής εμπειρίας —ανεξάρτητα πόσο απλή ή ελάχιστα «καλλιτεχνική»— δεν αποτελούσε εκπαιδευτική προτεραιότητα μόνο των μελών της αστικής κοινωνίας — τα παιδιά της Μαρίας Θηρεσίας σπούδασαν επίσης εικαστικές τέχνες, με λιγότερη ή περισσότερη επιτυχία. Κι είναι παράδοξο που και σήμερα, παρά την υποβίβαση που υπονοεί η κατάργηση του σχεδίου, εξακολουθεί να δίνεται περισσότερη προσοχή στις μελέτες και τα προκαταρκτικά σχέδια των μεγάλων δασκάλων, παρά στο τελικό, ολοκληρωμένο έργο τους.

Άλμπουμ με σχέδια σημαντικών καλλιτεχνών, που αποτύπωσαν τις ταξιδιωτικές εντυπώσεις τους, συνωστίζονται, σε μεγάλο βαθμό, σε μουσεία, συλλογές, βιβλιοθήκες. Ειδικά τον 19ο αιώνα αποτελούσαν σχεδόν αναπόσπαστο μέρος των ταξιδιών κάθε καλλιτέχνη. Ωστόσο, σπανίως εκτίθενται και μάλιστα με τρόπο που να είναι απόλυτα προσιτός για το κοινό.

Θυμάμαι με ευχαρίστηση τα ταξίδια που έκανα στο παρελθόν, για πολλά χρόνια, με τον Δημήτρη Μανίκα. Αυτά τα ταξίδια μάς οδήγησαν στην ηπειρωτική Ελλάδα, στο Όρος Άθως, όπως και σε πολλά νησιά του Αιγαίου. Εκτός από τον πολυταξιδεμένο ζωγράφο και γραφίστα Herwig Zens —που τον γνωρίζουμε και οι δυο μας— δεν γνωρίζω κανέναν άλλο καλλιτέχνη που να ανοίγει πια το μπλοκ του μπροστά σε οποιοδήποτε μνημείο, κτίριο ή τοπίο και να είναι σε θέση να αναπαραγάγει ένα συγκεκριμένο θέμα στο χαρτί, αφού πρώτα έχει επιλέξει την κατάλληλη οπτική γωνία. Σήμερα μια παρόμοια αναπαραγωγή επιτυγχάνεται μέσω της φωτογραφίας. Οι οπτικοί φακοί καταργούν όμως το στοιχείο της επιλογής και της αξιολόγησης, αναπόσπαστα της όρασης, με αποτέλεσμα η δυνατότητα δημιουργικής διαμόρφωσης μιας εικόνας να μειώνεται στο ελάχιστο.

Αναμφίβολα, η προοπτική του Δημήτρη Μανίκα είναι πάντα εκείνη ενός αρχιτέκτονα. Εστιάζει σε δομές, στατικούς κανόνες και την ανάδειξη αισθητικών κανόνων, όπως και σε μια σωστή αντίληψη του χώρου. Εμπνέεται ιδιαίτερα από τις κυβικές όψεις της ανώνυμης ελληνικής αρχιτεκτονικής και συλλαμβάνει με επιδεξιότητα τα γραφικά και οργανικά ανεπτυγμένα μοναστήρια του όρους Άθως. Ο Μανίκας δεν γεμίζει επίσης με τα σχέδιά του ένα προκαθορισμένο πλαίσιο. Τοποθετεί τα μοτίβα του ελεύθερα στον χώρο. Άλλες φορές τα απομονώνει από το πραγματικό τους πλαίσιο, πετυχαίνοντας έτσι να δώσει έμφαση στις βασικές πτυχές τους. Ξέρει πώς να αποφύγει τον φλύαρο χαρακτήρα μιας veduta.

Έχει μεγάλο ενδιαφέρον να συγκρίνει κανείς τις δικές του ταξιδιωτικές εντυπώσεις με εκείνες που κατέγραψε ο Δημήτρης Μανίκας. Είναι, πράγματι, ίδιες ή μήπως ο παρατηρητής έκανε μια μεταγενέστερη αναθεώρηση σε ό,τι είχε απομείνει στη μνήμη; Η ενασχόληση με τα σχέδια του Μανίκα μετατρέπεται έτσι σε ένα ελκυστικό παιχνίδι. Γρήγορα, όμως, ο καθένας πείθεται ότι εδώ κανείς δεν εξαπάτησε, δεν ωραιοποίησε, δεν εξιδανίκευσε κάτι χωρίς λόγο.

Ο Μανίκας είναι εξαιρετικά πραγματιστής. Δεν είναι ονειροπόλος ή οραματιστής. Επομένως, δεν προσπαθεί με τα ταξιδιωτικά του σκίτσα να εμπλακεί στα εξελικτικά ρεύματα της ιστορίας της τέχνης. Τα σχέδιά του είναι φτιαγμένα με σιγουριά και επιδεξιότητα, και χαρακτηρίζονται πάντα από το ενδιαφέρον για το μοτίβο. Ακόμα κι αν τα έργα που απεικονίζονται σε αυτό το βιβλίο δεν αποτελούν μια συνέχεια, αλλά έχουν αναπτυχθεί στη διάρκεια πολλών χρόνων και ταξιδιών, τα σχέδια που περιέχουν παραμένουν πάντα οι πολύ προσωπικές σελίδες ενός ημερολογίου. Είναι ντοκουμέντα από συναντήσεις με κτίρια και τοπία, που υπερβαίνουν κατά πολύ το τοπογραφικό. Μαρτυρούν κυρίως την αγάπη του Μανίκα για την αρχιτεκτονική, στην πρωτοτυπία της.

Wolfgang Hilger

Reisezeichnungen von Dimitris Manikas

Im Jahre 2013 sah ich die Ausstellung von Zeichnungen und Aquarellen in der Galerie Wolfrum gegenüber der Albertina. Nun publiziert Manikas etwa 67 Skizzen und Zeichnungen. Da er meine Zeichnungen schätzt, bat er mich um einige Worte zu dieser Publikation. Er zeigte mir einige „Tagebücher", in denen Texte und Zeichnungen im Format DIN A5 in Hoch- und Breitformat (15×21 cm) versammelt sind.

Manikas sagt, dass er nachdrücklich von seinem griechischen Landsmann, dem bedeutenden Architekten Aris Konstantinidis (1913–1993) inspiriert worden sei. Konstantinidis hatte schon in den fünfziger Jahren des 20. Jahrhunderts drei schmale Publikationen herausgebracht: „Mykonos" (1947), „Alte Häuser in Athen" (1950) und „Kapellen auf Mykonos" (1953) – alle Objekte in Zeichnungen und Fotos festgehalten. Auch ich lernte Konstantinidis kennen, anlässlich zweier Wiener Vorträge und eines Münchner Vortrags über „Griechische Architektur im 20. Jahrhundert".

Konstantinidis baute die wunderbaren Xenia-Hotels in ganz Griechenland, musste in der Zeit der Militärregierung Griechenland verlassen, fand an der ETH-Zürich Aufnahme als Gastprofessor, bekam nach der Rückkehr in sein Herkunftsland keine Aufträge mehr, sah sich nicht mehr anerkannt und beendete sein Leben – mit achtzig wählte er den Freitod.

Dimitris Manikas beginnt hier seine Zusammenstellung mit einem Aquarell aus dem Jahre 1967 der Corbusier-Kirche Ronchamp. Farbiges betrifft auch den Berg Athos (1980) und das Kloster Filotheou. Letzteres zeigt er auch in einer Federskizze, Simonos Petras gibt es in Feder (1987) und in Bleistift (2000). Joannina, wo Konstantinidis ein Museum baute, sehen wir in Farbkreide; die Brücke in Arta, die Meteora-Klöster sowie Prespes in Nordgriechenland aus dem Jahr 2003.

Viele Zeichnungen kommen von den kykladischen Inseln: Santorini, Paros, Tinos, Delos, Serifos und Ios mit dem Grab von Homer, Folegandros, eine schöne Zeichnung der Platzgestaltung mit Bäumen und eine Zisterne (1984), gefolgt von Sikinos (2004).

Viele Zeichnungen von Dimitris Manikas greifen über Griechenland hinaus: Torcello (2003), Venedig (2004), Finnland mit Helsinki (1996), Rovigo, Rotonda (1993), das Sterling Museum in Stuttgart mit Filzstift, de Klerks „Zaanhof" in Amsterdam, Dubrovnik mit blauem Filzstift, der Diokletianpalast in Split mit braunem Filzstift, Berat in Albanien (1989), Chinareise (1986). Die Bautenzeichnungen von Manikas haben vorwiegend vignettenhaften Charakter. Die Landschaftszeichnungen fluchten zum Horizont.

Dimitris Manikas, 1938 in Hermopolis auf der Kykladeninsel Syros geboren, lebt seit 1958 in Wien. Er studierte Architektur an der Technischen Hochschule in Wien, war dann Assistent, später Assistenzprofessor an der Meisterklasse Architektur der Hochschule (später Universität) für angewandte Kunst am Wiener Stubenring. Schon beim Wettbewerb Rathaus Amsterdam, den Wilhelm Holzbauer gewann, hat Manikas mitgearbeitet, später auch im Holzbauer-Büro in Amsterdam. Holzbauer hat Manikas viel zu verdanken.

Dimitris Manikas hat in Wien wichtigen Bauwerken der Jahrhundertwende und der Nachkriegszeit zu deren Erhaltung beigetragen, z.B. dem Wien-Museum am Karlsplatz mit der Glasüberdeckung des Innenhofs (mit dem Statiker Wolfdietrich Ziesel), wobei zu hoffen ist, dass die geplante Überbauung nicht kommt. Ein weiteres Beispiel ist das Kindertagesheim „Schweitzer Spende" in Hietzing. Schließlich die Wiederherstellung der Wiener Urania am Donaukanal, von Max Fabiani 1910 erbaut.

Im Jahre 2018 wird Manikas 80 Jahre alt. Im Benaki-Museum in Athen wird er ausstellen und dort seine Architektursammlung unterbringen. Manikas lebt alljährlich mit seiner Familie – neben Wien – auf der Insel Ios in einem renovierten Haus von nur 65 Quadratmetern.

Friedrich Kurrent

Travel sketches by Dimitris Manikas

In 2013, I saw the exhibition of sketches and watercolour drawings at the Galerie Wolfrum, across from the Albertina. Now Manikas is publishing about 67 sketches and drawings. As he appreciates my drawings, he asked me to write a few words for this publication. He showed me some 'diaries', within which texts and drawings are compiled in DIN A5 (15×21cm) landscape and portrait format.

Manikas says that he was emphatically inspired by his Greek fellow countryman: the prominent architect Aris Konstantinidis (1913–1993). Konstantinidis had already published three thin books during the 1950s, with drawings and photographs: 'Mykonos' (1947), 'Old Houses in Athens' (1950) and 'Chapels on Mykonos' (1953). I met Konstantinidis during two lectures in Vienna and one in Munich on 'Greek Architecture of the 20th Century'. After having built the wonderful Xenia-Hotels all over Greece, Konstantinidis was forced to leave the country during the military dictatorship. He then found a position as visiting professor at ETH Zurich. However, upon his return to Greece, he could not find any further building commissions. As he no longer felt acknowledged in his own country, he chose to end his life by committing suicide at the age of eighty.

Dimitris Manikas starts his compilation with a watercolour drawing of Le Corbusier's Ronchamp church, dating from 1967. He also uses colour in a drawing of Mount Athos (1980) and the Filotheou Monastery. The latter he also shows as a pen and ink sketch, as Simonos Petras exists as a feather pen (1987) and pencil sketch (2000). Ioannina, where Konstantinidis built a museum, we see as coloured chalk drawing: the bridge in Arta, the Meteora Monasteries and Prespes in Northern Greece, produced in 2003.

Many drawings are of the Cycladic islands: Santorini, Paros, Tinos, Delos, Serifos and Ios with the tomb of Homer, Folegandros —a beautiful drawing of the public square with trees and a cistern (1984)— followed by Sikinos (2004).

Many drawings of Manikas are also from outside of Greece: Torcello (2003), Venice (2004), Helsinki and broader Finland (1996), Rovigo (1993); the Stirling Museum in Stuttgart as felt pen drawing, de Klerks 'Zaanhof' in Amsterdam, Dubrovnik as blue felt pen drawing; the Diokletian palace in Split as brown felt pen drawing, Berat in Albania (1989); a trip to China (1986). The drawings of buildings by Manikas have a predominantly vignette-like character. The landscape drawings are oriented towards the horizon.

Dimitris Manikas, born 1938 in Hermoupolis on the Cycladic island of Syros, lives in Vienna since 1958. He studied architecture at the Technical University of Vienna. He was an assistant and later became extraordinary professor in the master class for architecture at the Academy (later University) of Applied Art on Vienna's Stubenring. Manikas worked on the competition for the Town Hall in Amsterdam, which Wilhelm Holzbauer had recently won. He later also worked in Holzbauer's practice in Amsterdam. Holzbauer owes Manikas a lot.

Dimitris Manikas has contributed to a great extent to the preservation of important buildings of the turn-of-the-century and post-war period, e.g. the Vienna Museum on Karlsplatz with the glass cover in its courtyard (together with the structural engineer Wolfdietrich Ziesel). Further example of his work, is the nursery school Schweitzer Spende in Hietzing. Finally, the restoration of the Viennese Urania on the Danube channel, built by Max Fabiani, in 1910.

In 2018, Manikas will turn 89 years old. He will exhibit his architectural collection at the Benaki Museum in Athens. Next to Vienna, Manikas lives all year round with his family on the island of Ios, in a renovated house of only 65 square meters.

Friedrich Kurrent

Ταξιδιωτικά σκίτσα του Δημήτρη Μανίκα

Το 2013 επισκέφτηκα την έκθεση σκίτσων και σχεδίων για ακουαρέλες στην γκαλερί Wolfrum απέναντι από το Albertina. Στην παρούσα έκδοση ο Μανίκας δημοσιεύει περίπου 67 σκίτσα και σχέδια. Επειδή εκτιμά τα σχέδιά μου, μου ζήτησε να γράψω λίγα λόγια, αφού προηγουμένως μου έδειξε μερικά «ημερολόγια», που περιλαμβάνουν κείμενα και σχέδια τοπίων και πορτρέτων σε μορφή DIN A5 (15×21 εκ.).

Ο Μανίκας λέει ότι επηρεάστηκε πολύ από έναν Έλληνα συμπατριώτη του: τον διακεκριμένο αρχιτέκτονα Άρη Κωνσταντινίδη (1913–1993). Ο Κωνσταντινίδης είχε ήδη εκδώσει, τη δεκαετία του 1950, τρία μικρά βιβλία, με σκίτσα και φωτογραφίες: *Δυο Χωριά από τη Μύκονο* (1947), *Τα Παλιά Αθηναϊκά Σπίτια* (1950) και *Ξωκλήσια της Μυκόνου* (1953).

Γνώρισα τον Κωνσταντινίδη με την ευκαιρία δύο διαλέξεων που πραγματοποίησε στη Βιέννη και μίας στο Μόναχο, με θέμα την ελληνική αρχιτεκτονική τον 20ό αιώνα. Ο Κωνσταντινίδης έχτισε, μεταξύ άλλων, τα καταπληκτικά ξενοδοχεία «Ξενία» σε όλη την Ελλάδα, αλλά αναγκάστηκε να εγκαταλείψει τη χώρα στη διάρκεια της στρατιωτικής δικτατορίας. Βρήκε τότε μια θέση επισκέπτη καθηγητή στο ETH (Ελβετικό Ομοσπονδιακό Ινστιτούτο Τεχνολογίας) της Ζυρίχης. Όταν, όμως, επέστρεψε στην Ελλάδα δεν αναλάμβανε πια αρχιτεκτονικά έργα κι επειδή ένιωθε ότι δεν έχαιρε πλέον αναγνώρισης στη χώρα του, επέλεξε να δώσει τέλος στη ζωή του, σε ηλικία ογδόντα ετών.

Ο Δημήτρης Μανίκας ξεκινά εδώ τη συλλογή του με μια ακουαρέλα από το 1967, της εκκλησίας Notre-Dame-du-Haut του Λε Κορμπυζιέ. Χρησιμοποιεί επίσης χρώμα σε ένα σχέδιο του Όρους Άθως (1980) και της Μονής Φιλοθέου. Το τελευταίο υπάρχει επίσης σε σκίτσο με πένα και μελάνι, όπως και η Μονή Σίμωνος Πέτρας (με πένα σε σχέδιο του 1987 και με μολύβι σε σχέδιο του 2000). Βλέπουμε τα Ιωάννινα, όπου ο Κωνσταντινίδης έχτισε επίσης ένα μουσείο, σε σχέδιο με χρωματιστή κιμωλία, κι ακόμη τα Μετέωρα, τις Πρέσπες στη Βόρεια Ελλάδα (2003).

Πολλά σχέδια είναι από τις Κυκλάδες: τη Σαντορίνη, την Πάρο, την Τήνο, τη Δήλο, τη Σέριφο και την Ίο (με τον τάφο του Ομήρου), τη Φολέγανδρο —ένα όμορφο σχέδιο της πλατείας, με δέντρα και μια στέρνα (1984)—, κι ύστερα τη Σίκινο (2004).

Πολλά σχέδια του Μανίκα είναι και από μέρη εκτός Ελλάδας: το Τορτσέλο (2003), το Ελσίνκι (1996), το Ροβίγκο (1993)... Επίσης, από το Neue Staatsgalerie στη Στουτγάρδη (με μαρκαδόρο), το Άμστερνταμ, το Ντουμπρόβνικ (με μπλε μαρκαδόρο), το παλάτι του Διοκλητιανού στο Σπλιτ (με καφέ μαρκαδόρο), το Μπεράτ στην Αλβανία (1989), από ένα ταξίδι στην Κίνα (1986).
Τα κτίρια του Μανίκα είναι σχεδιασμένα σαν βινιέτες. Τα τοπία του ενώνονται με τον ορίζοντα.

Ο Δημήτρης Μανίκας γεννήθηκε το 1938 στην Ερμούπολη της Σύρου και από το 1958 ζει στη Βιέννη. Σπούδασε αρχιτεκτονική στο Τεχνικό Πανεπιστήμιο της Βιέννης. Έγινε βοηθός και αργότερα έκτακτος καθηγητής στην Τάξη των Μαστόρων Αρχιτεκτονικής, στην Ανωτάτη Σχολή (αργότερα πανεπιστήμιο) Εφαρμοσμένων Τεχνών, στο Στούμπενρινγκ της Βιέννης. Εργάστηκε επίσης για τον διαγωνισμό για το Δημαρχείο της Βιέννης, που κέρδισε ο Wilhelm Holzbauer κι αργότερα στο ατελιέ του ίδιου του Holzbauer στο Άμστερνταμ. Ο Holzbauer οφείλει πολλά στον Μανίκα.

Ο Δημήτρης Μανίκας έχει συμβάλει, σε μεγάλο βαθμό, στη συντήρηση σημαντικών κτιρίων, που χρονολογούνται από την αλλαγή του αιώνα και τη μεταπολεμική εποχή, όπως π.χ. το Μουσείο της Βιέννης στην Κάρλσπλατς, με το γυάλινο σκέπαστρο στην εσωτερική αυλή (μαζί με τον πολιτικό μηχανικό Wolfdietrich Ziesel). Ένα ακόμα δείγμα του έργου του είναι το νηπιαγωγείο Schweitzer Spende στο Χίτσινγκ. Τέλος, η ανακαίνιση του βιεννέζικου Urania στο κανάλι του Δούναβη, που κατασκευάστηκε από τον Max Fabiani το 1910.

Το 2018, ο Μανίκας θα γίνει 80 χρονών. Η αρχιτεκτονική συλλογή του θα φιλοξενηθεί στο Μουσείο Μπενάκη, στην Αθήνα. Εκτός από τη Βιέννη, ζει για μεγάλα διαστήματα με την οικογένειά του στην Ίο, σε ένα ανακαινισμένο σπίτι 65 τ. μ.

Friedrich Kurrent

Griechenland | Greece | Ελλάδα
Mykonos 1968
Federzeichnung | India ink | Σινική μελάνη

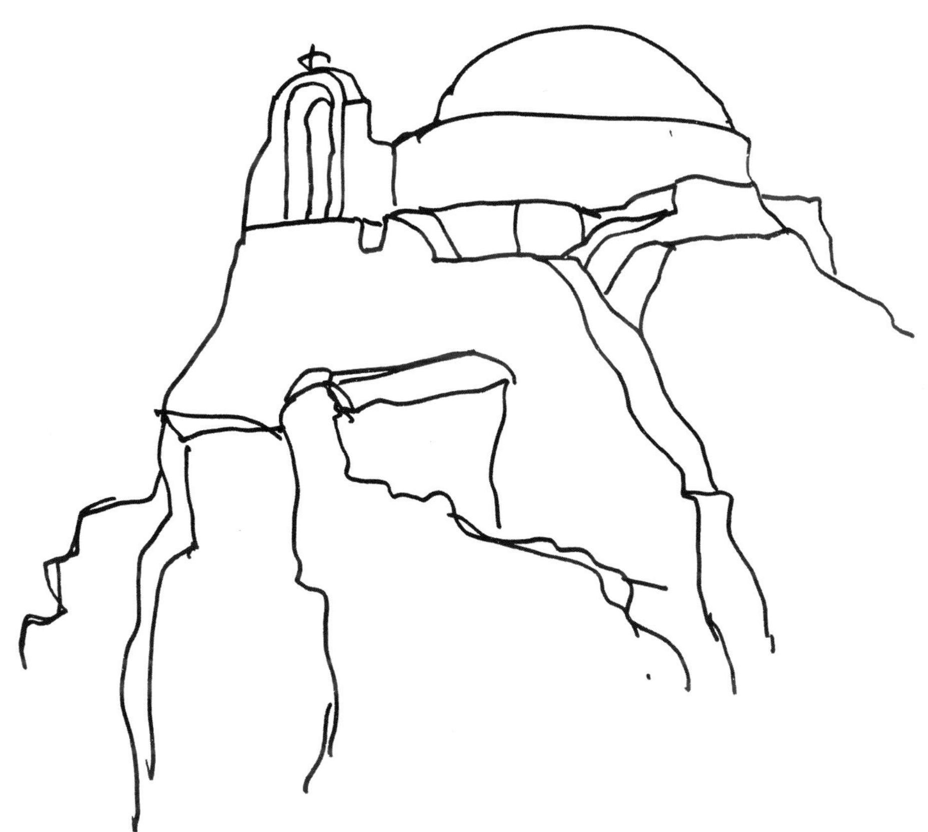

Mykonos 1968

Griechenland | Greece | Ελλάδα
Mykonos 1968
Federzeichnung | India ink | Σινική μελάνη

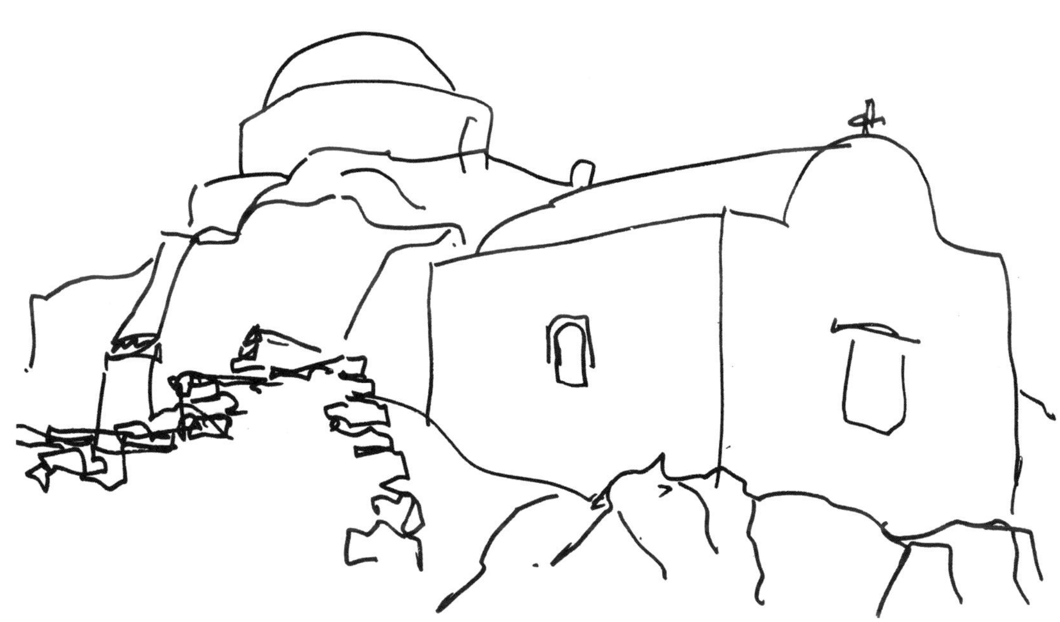

Griechenland | Greece | Ελλάδα
Santorini 1968
Federzeichnung | India ink | Σινική μελάνη

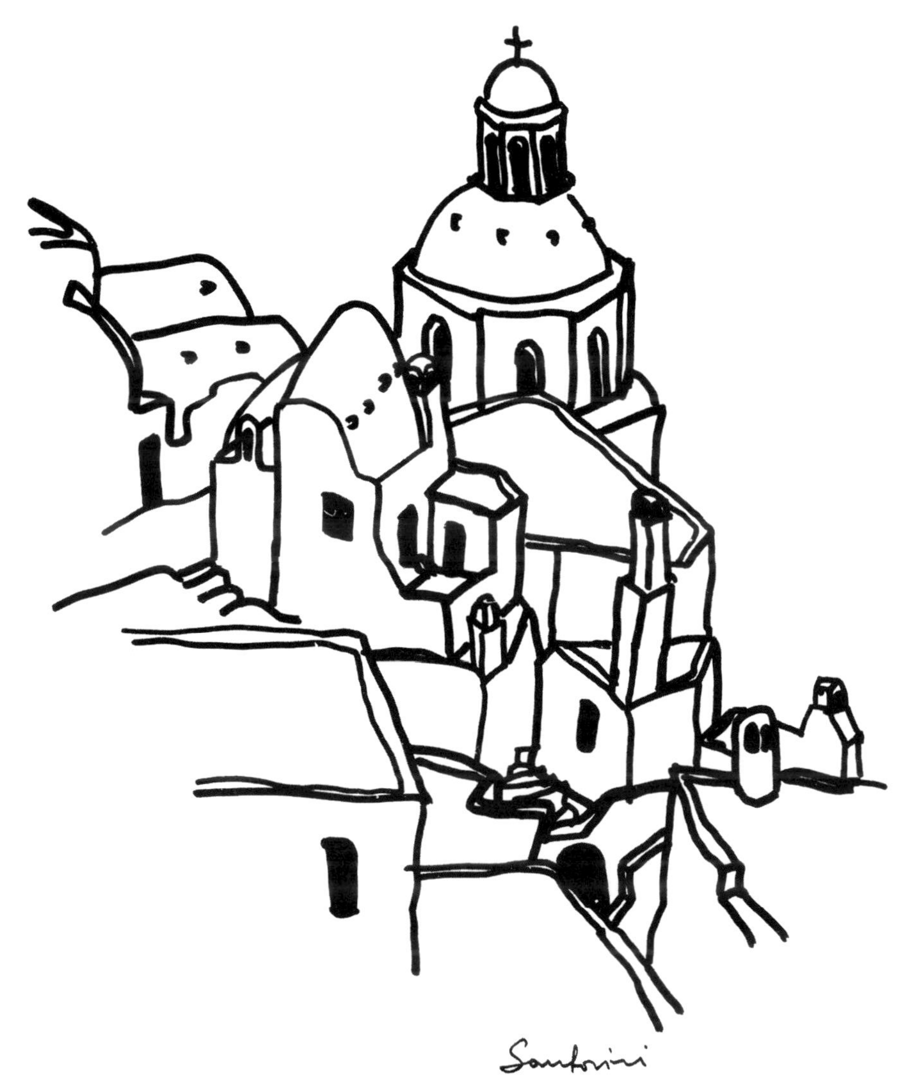
Santorini

Griechenland | Greece | Ελλάδα

Santorini 1968

Federzeichnung | India ink | Σινική μελάνη

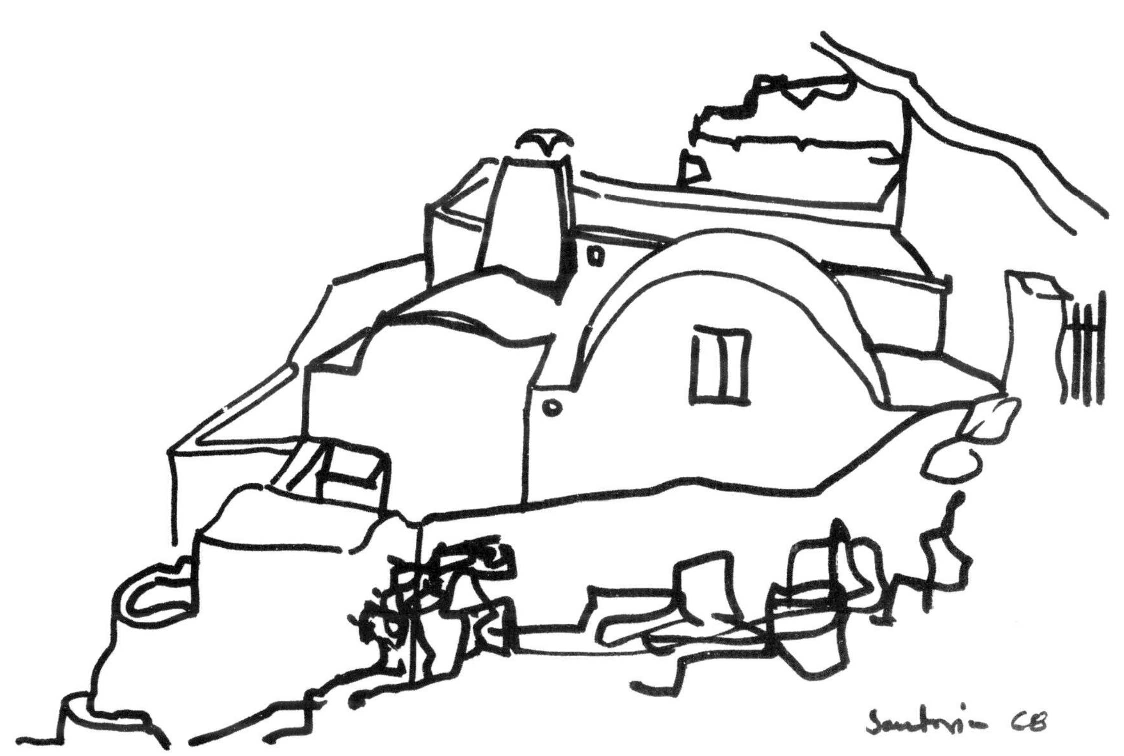
Santorini CB

Griechenland | Greece | Ελλάδα
Paros 1968
Federzeichnung | India ink | Σινική μελάνη

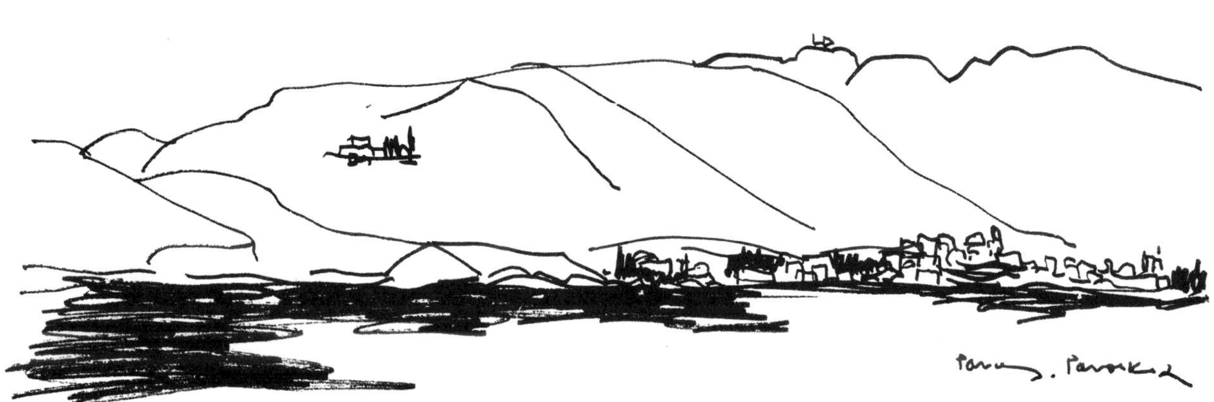

Griechenland | Greece | Ελλάδα
Paros 1968
Federzeichnung | India ink | Σινική μελάνη

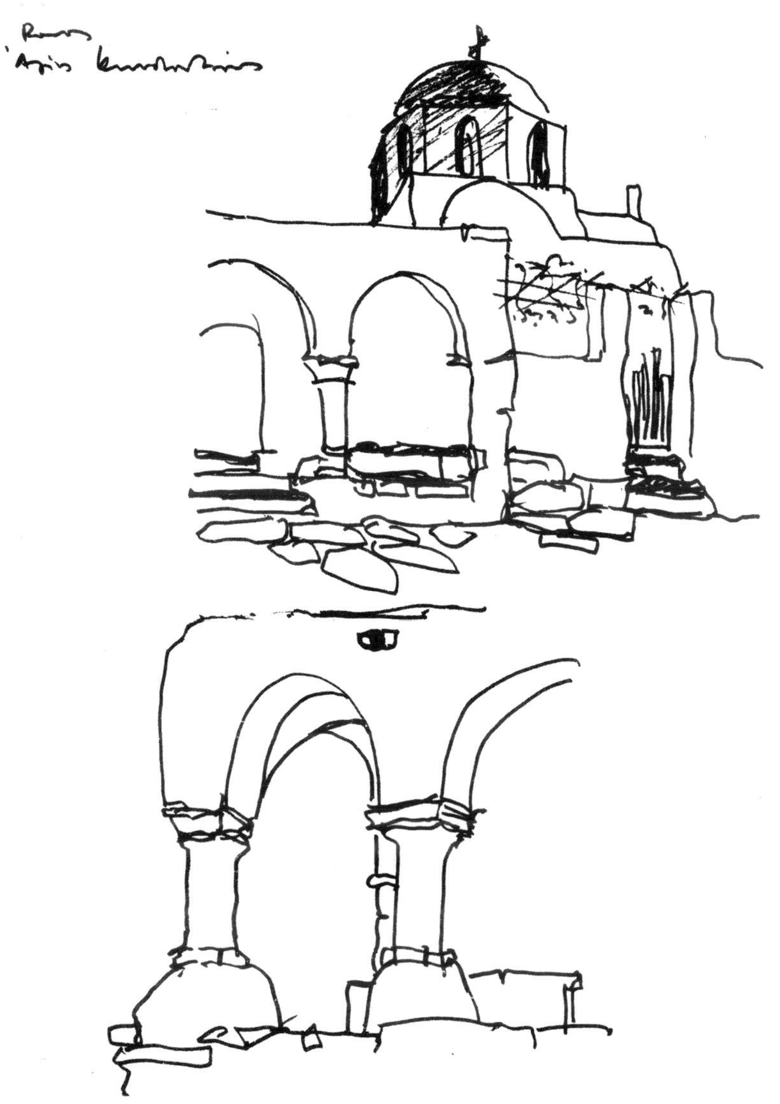

Griechenland | Greece | Ελλάδα
Paros 1968
Federzeichnung | India ink | Σινική μελάνη

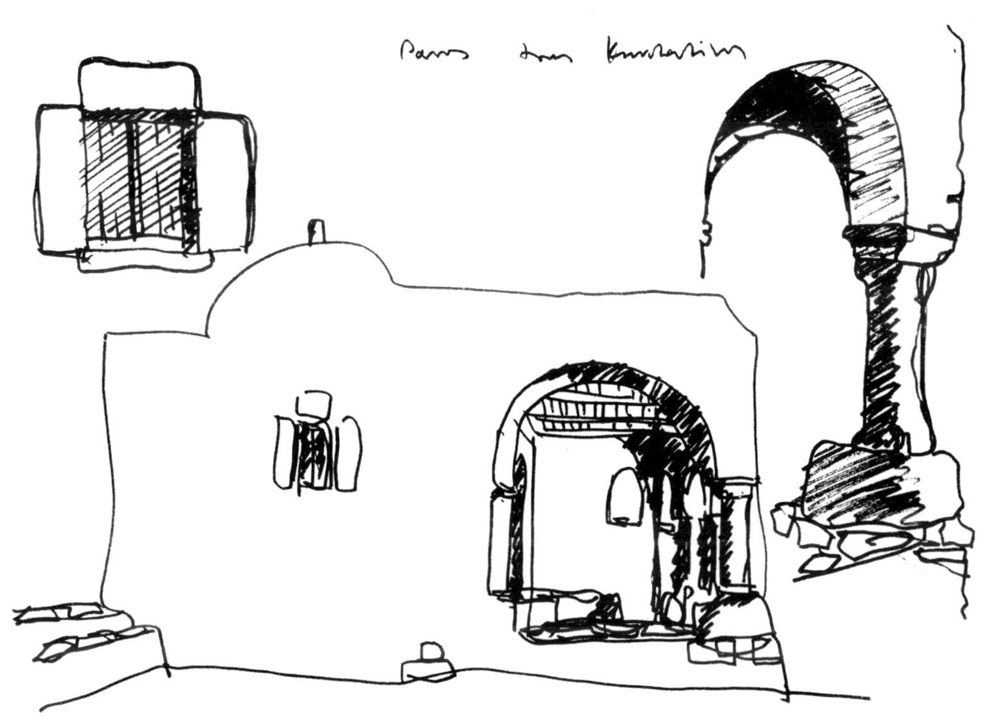

Griechenland | Greece | Ελλάδα
Tinos 1968
Federzeichnung | India ink | Σινική μελάνη

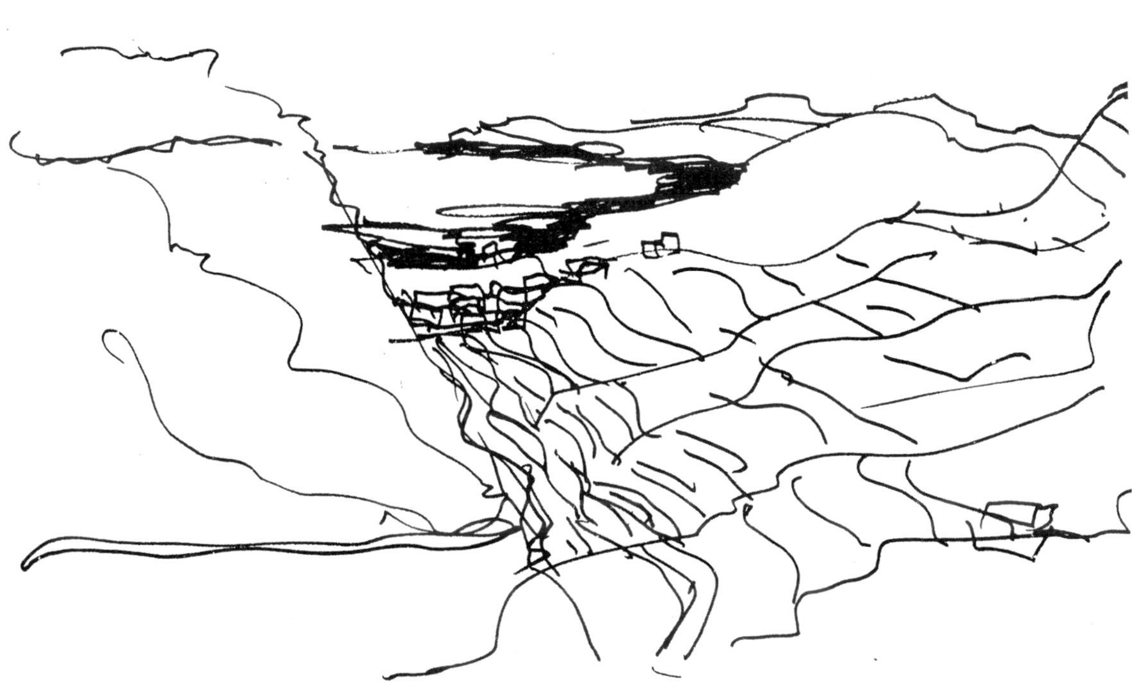
15. 7. 68

Griechenland | Greece | Ελλάδα

Delos 1968

Federzeichnung | India ink | Σινική μελάνη

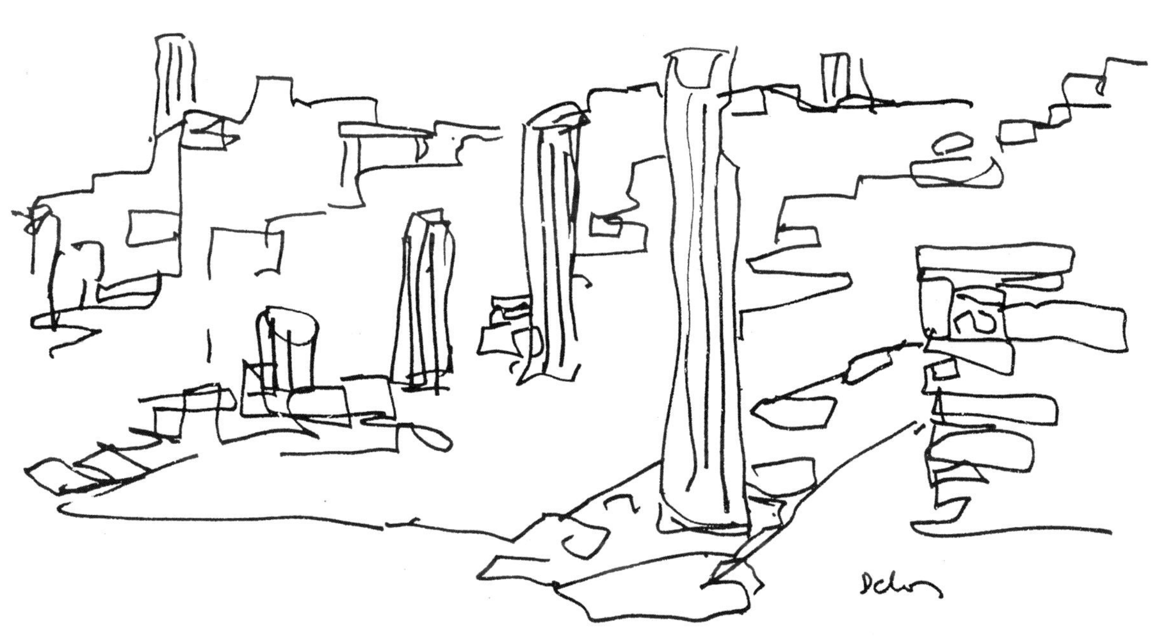

Griechenland | Greece | Ελλάδα
Serifos 1969
Federzeichnung | India ink | Σινική μελάνη

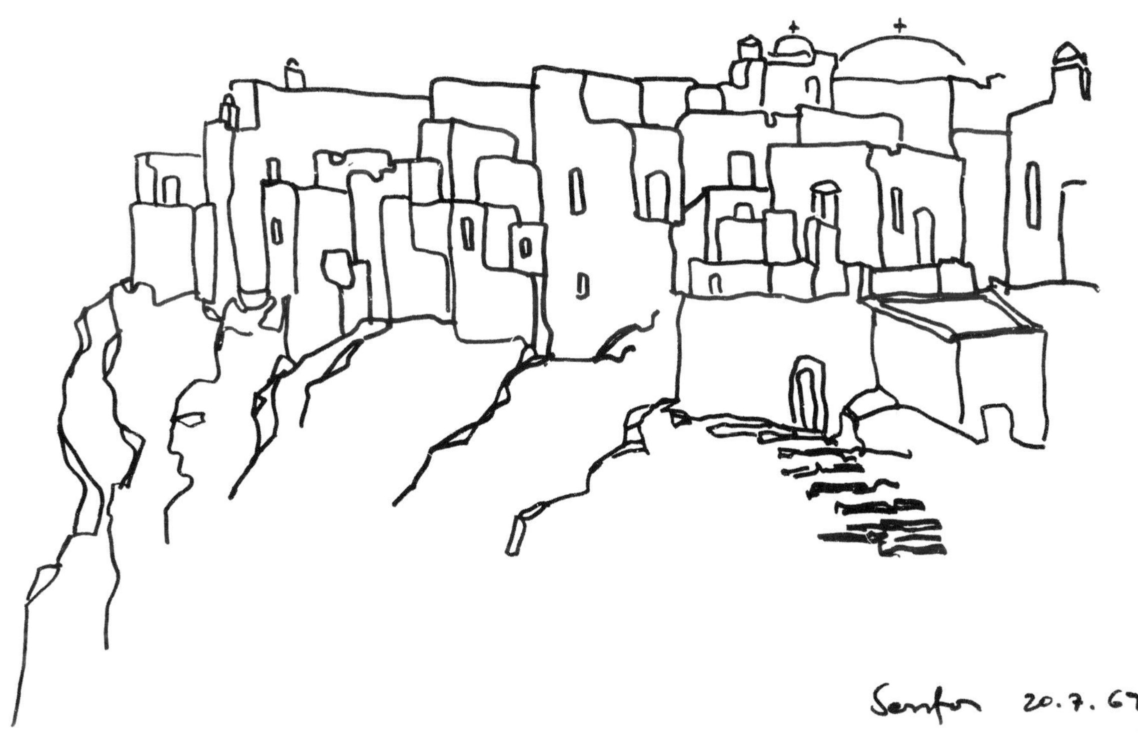
20.7.69

Italien | Italy | Ιταλία

Andrea Palladio – Villa Rotonda 1973

Federzeichnung | India ink | Σινική μελάνη

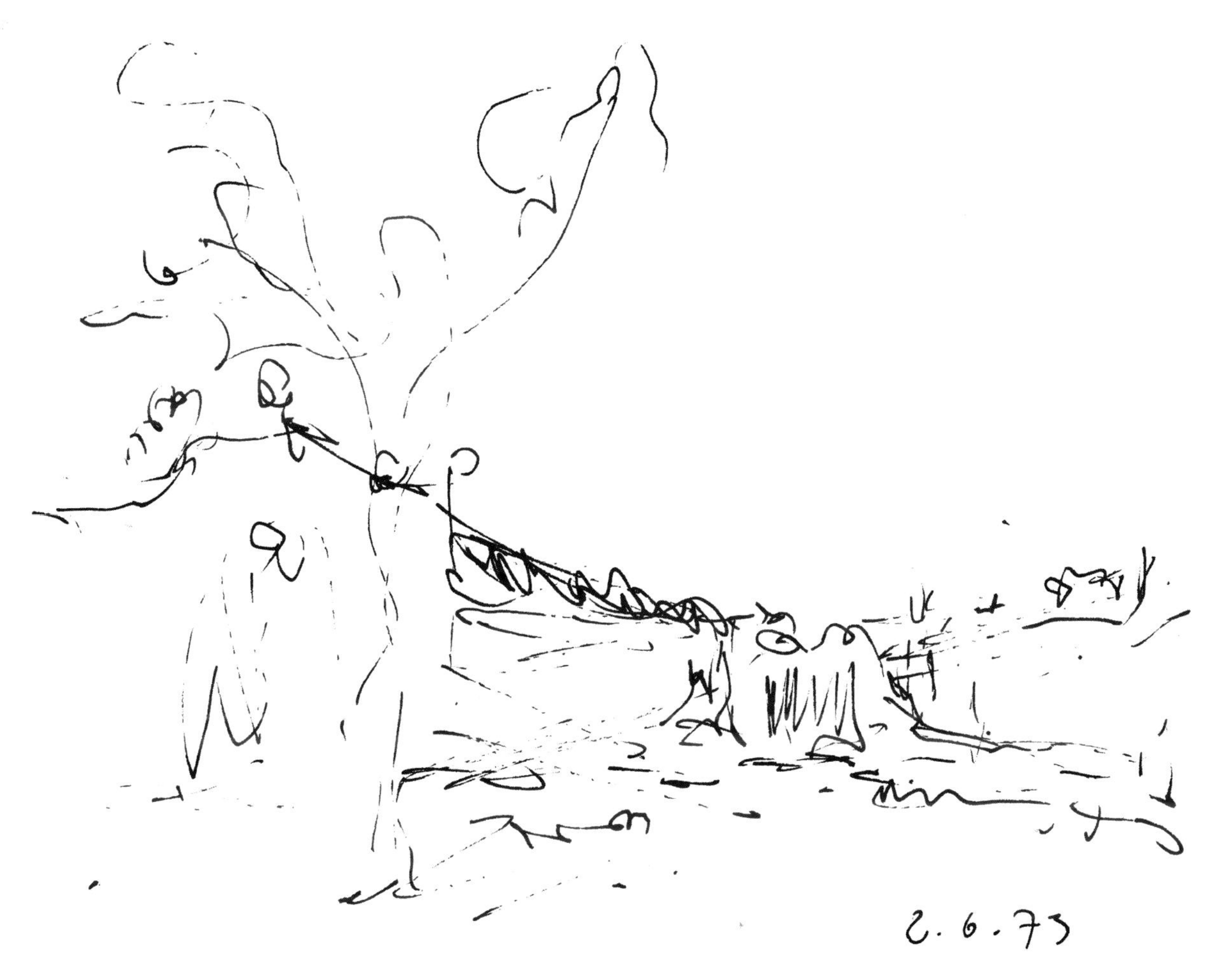
2.6.73

Italien | Italy | Ιταλία

Andrea Palladio – Villa Rotonda 1973

Federzeichnung | India ink | Σινική μελάνη

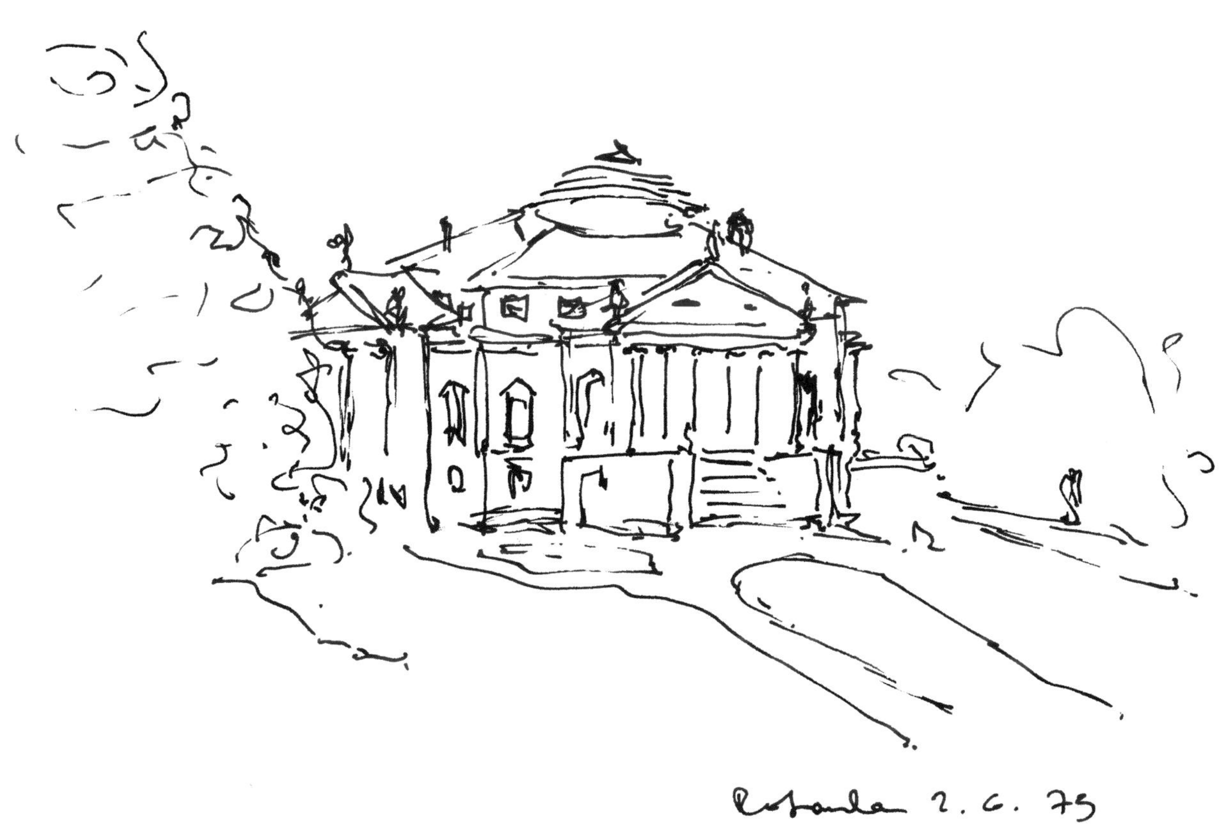
Rotonda 2. 6. 75

Italien | Italy | Ιταλία

Andrea Palladio – Villa Saraceno 1973

Federzeichnung | India ink | Σινική μελάνη

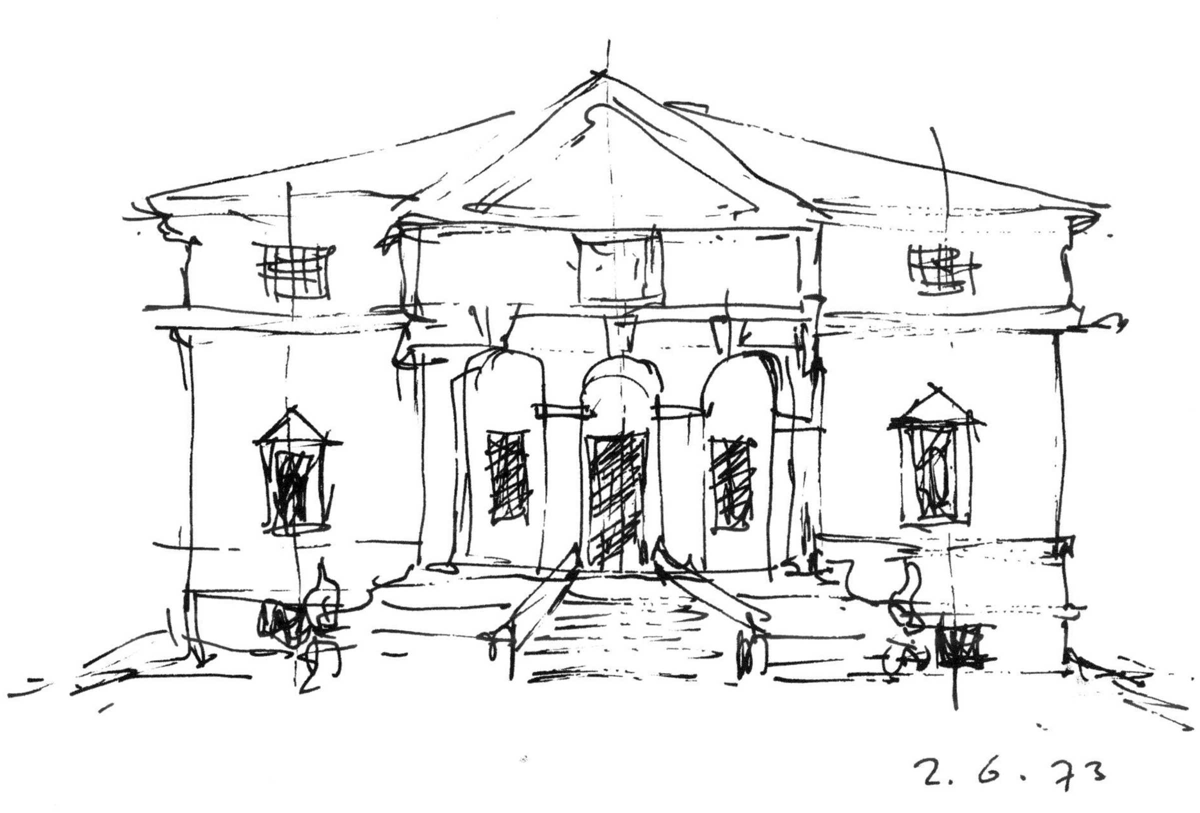
2. 6. 73

Italien | Italy | Ιταλία

Andrea Palladio – Villa Pojana 1973

Federzeichnung | India ink | Σινική μελάνη

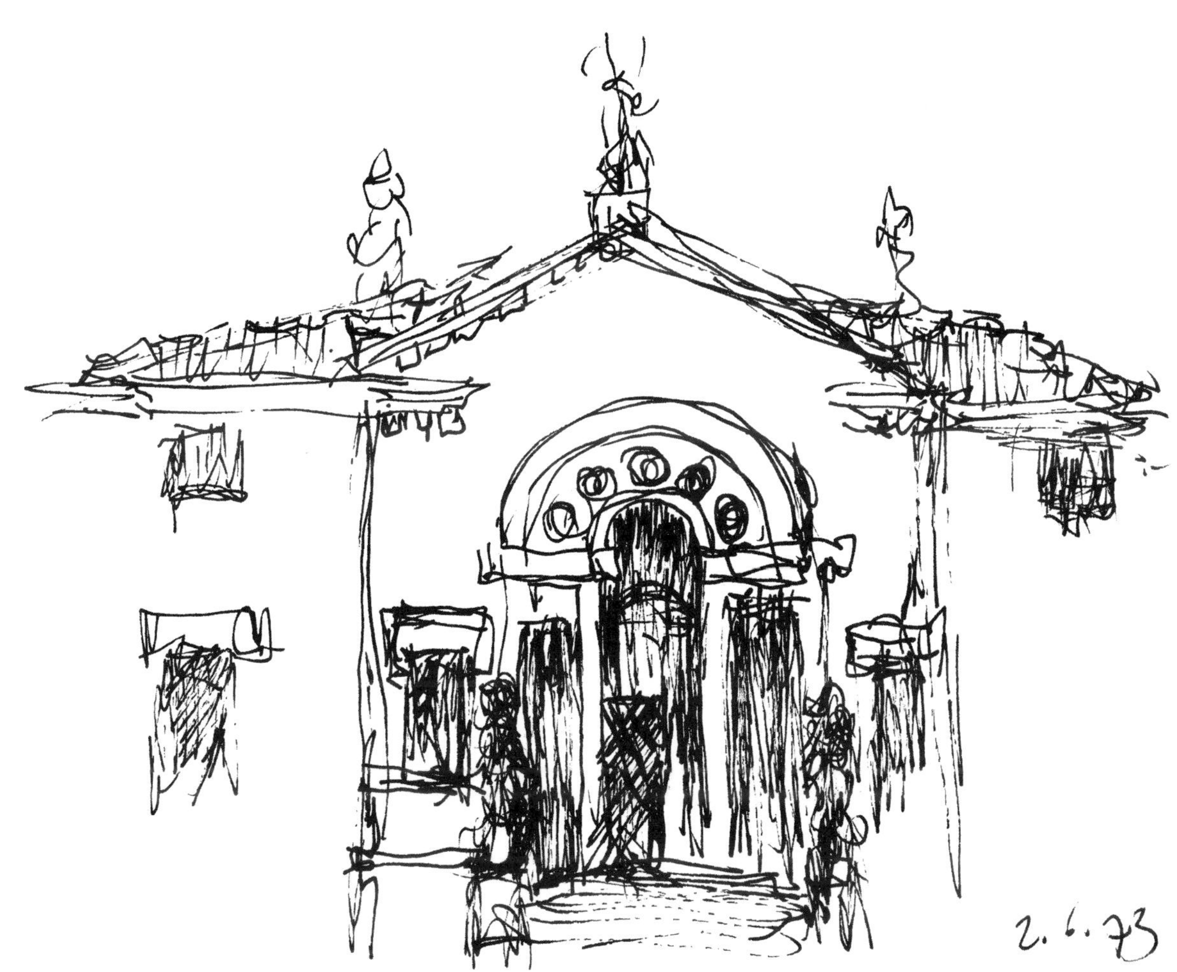
2. 6. 73

Mexiko | Mexico | Μεξικό
Chichén Itzá 1978
Federzeichnung | India ink | Σινική μελάνη

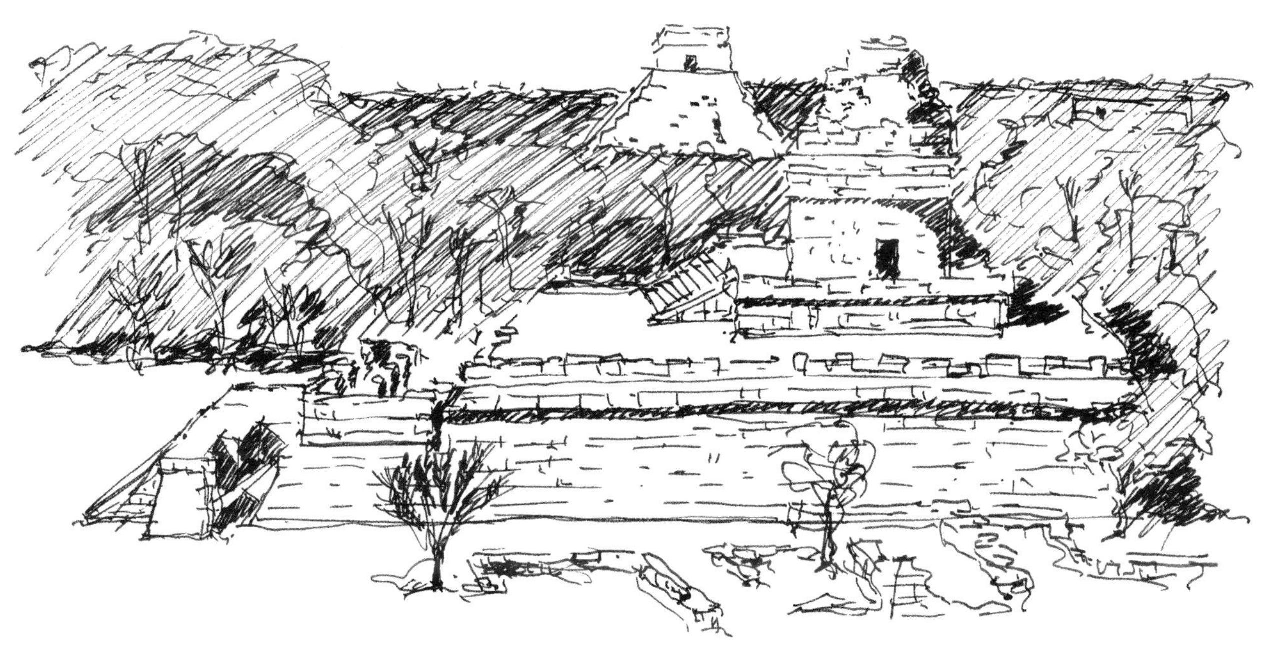

Chichen-Itza

Mexiko | Mexico | Μεξικό

Tulum 1978

Federzeichnung | India ink | Σινική μελάνη

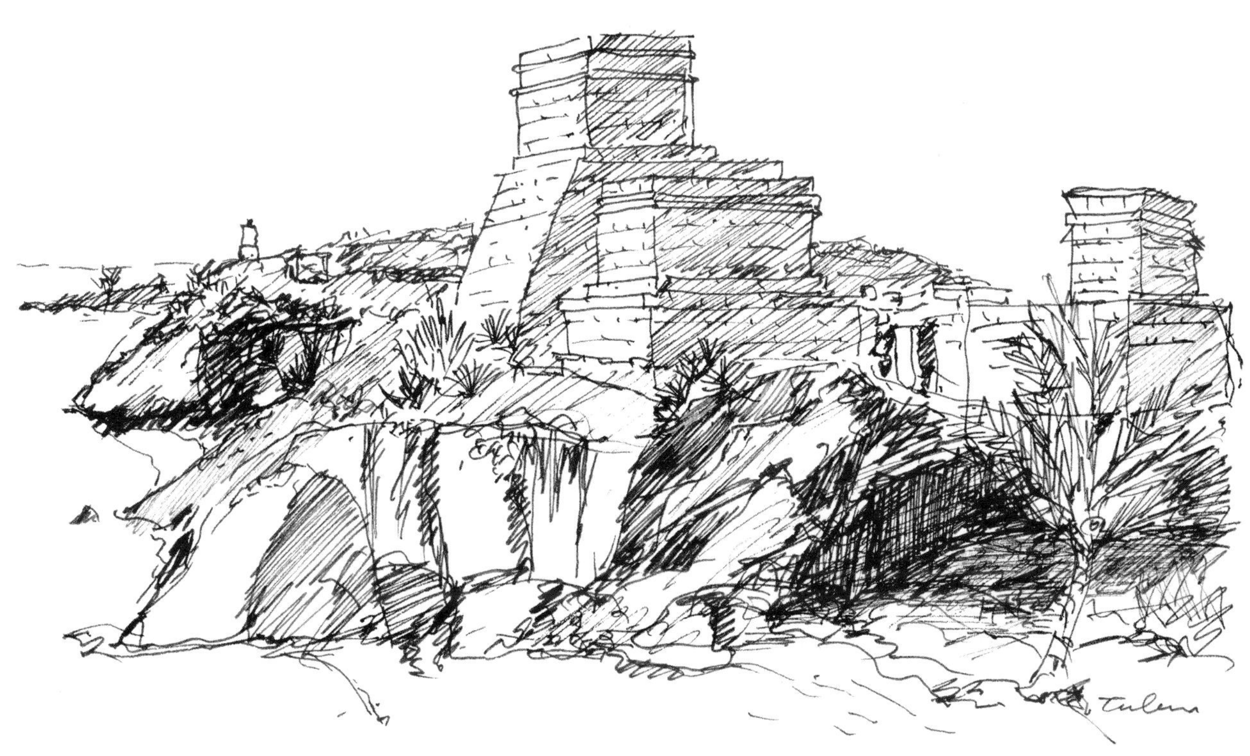
Tulum

Mexiko | Mexico | Μεξικό
Tulum 1978
Federzeichnung | India ink | Σινική μελάνη

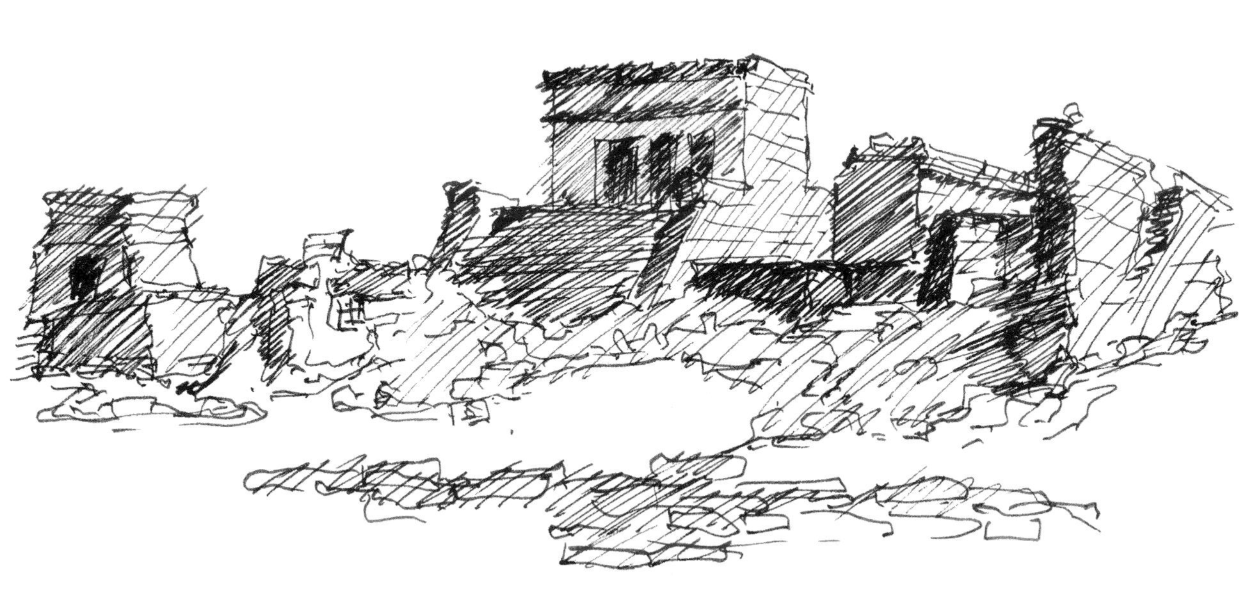
Tulum

Griechenland | Greece | Ελλάδα

Homer's Tomb – Ios 1979

Federzeichnung | India ink | Σινική μελάνη

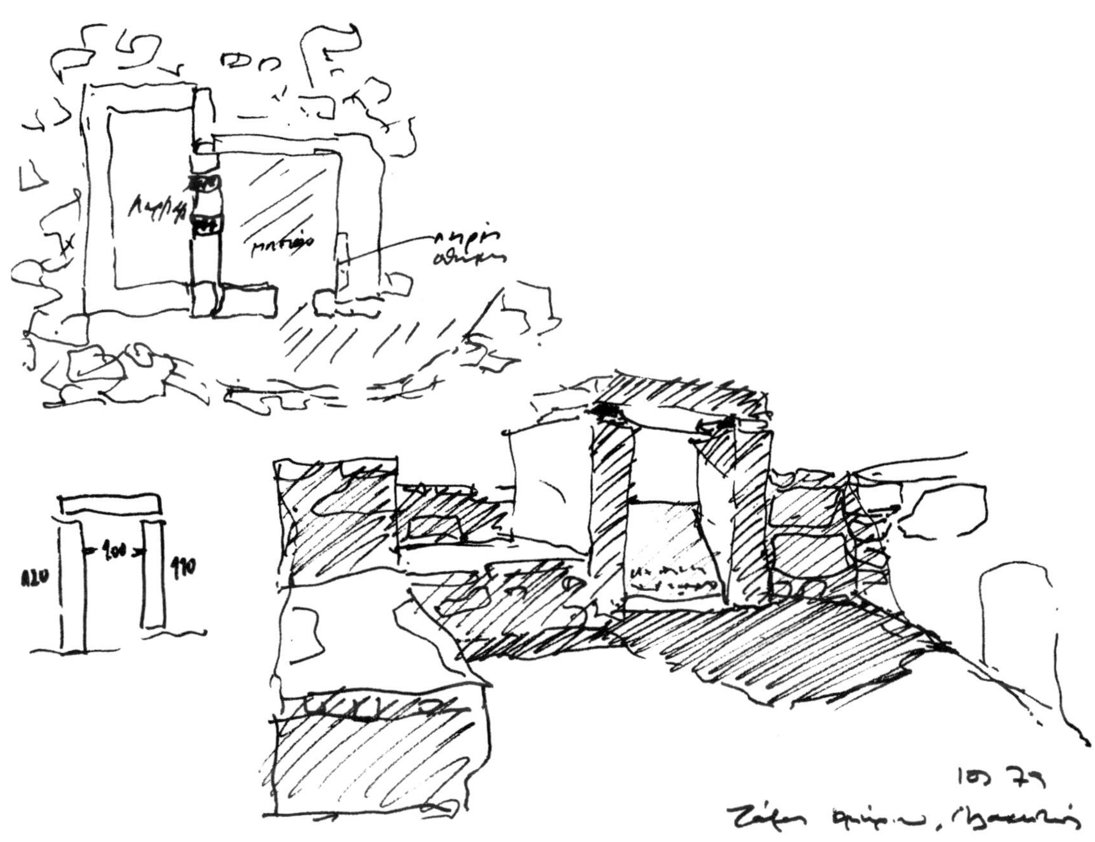

Griechenland | Greece | Ελλάδα
Santorini 1979
Federzeichnung | India ink | Σινική μελάνη

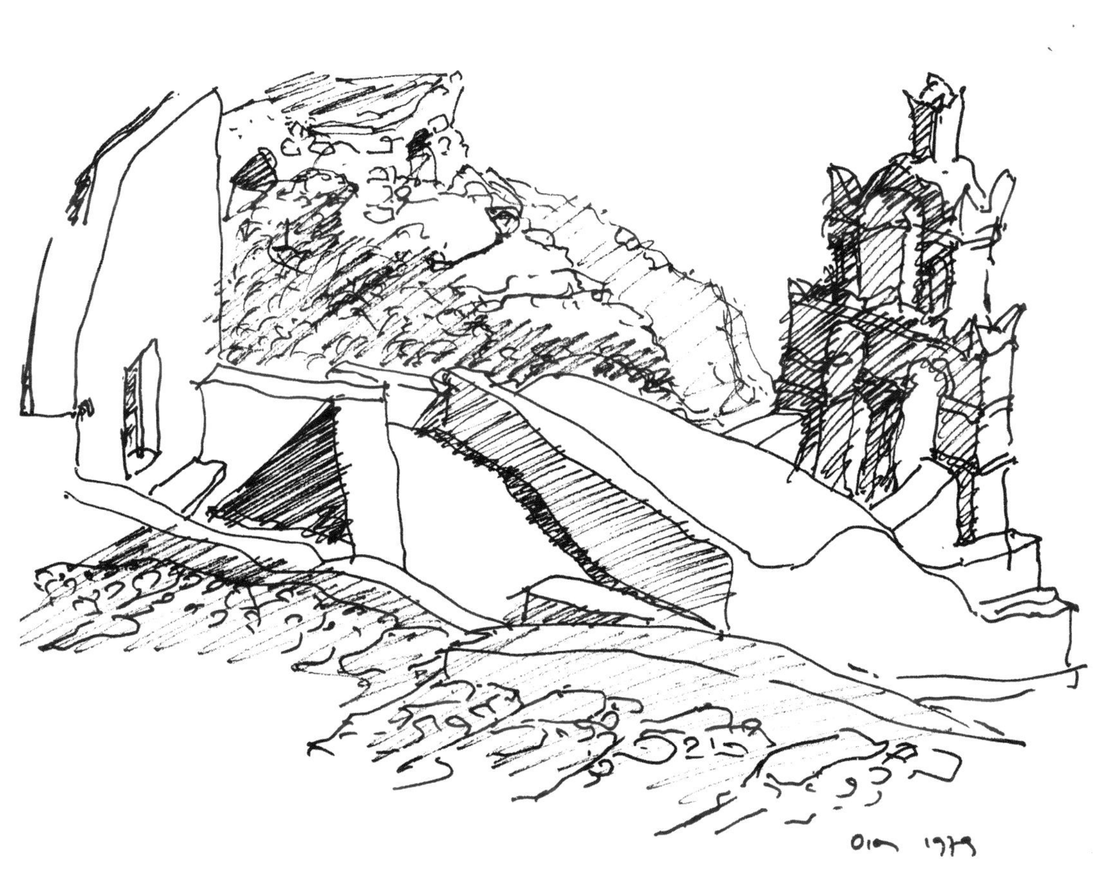
Οια 1979

Berg Athos | Mount Athos | Άγιον Όρος
Megisti Lavra 1980
Federzeichnung | India ink | Σινική μελάνη

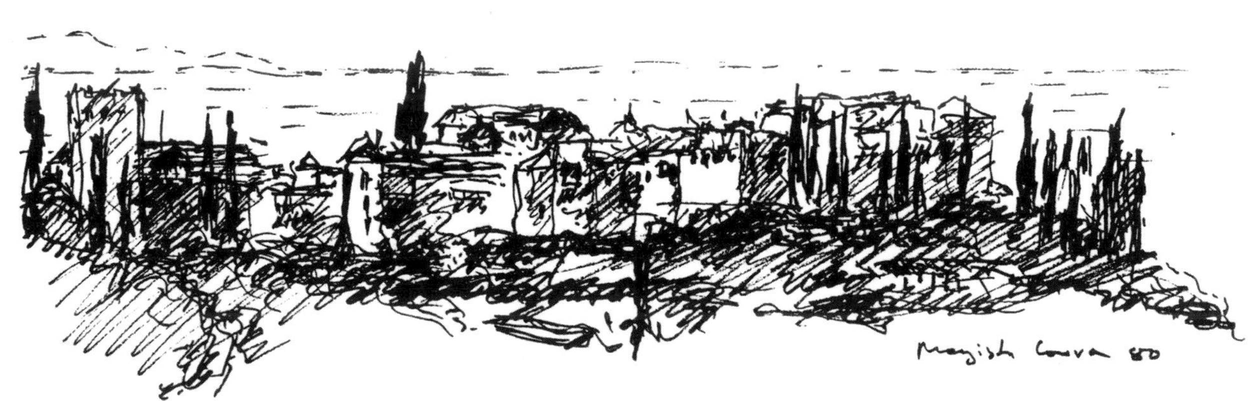

Berg Athos | Mount Athos | Άγιον Όρος

Megisti Lavra 1980

Federzeichnung | India ink | Σινική μελάνη

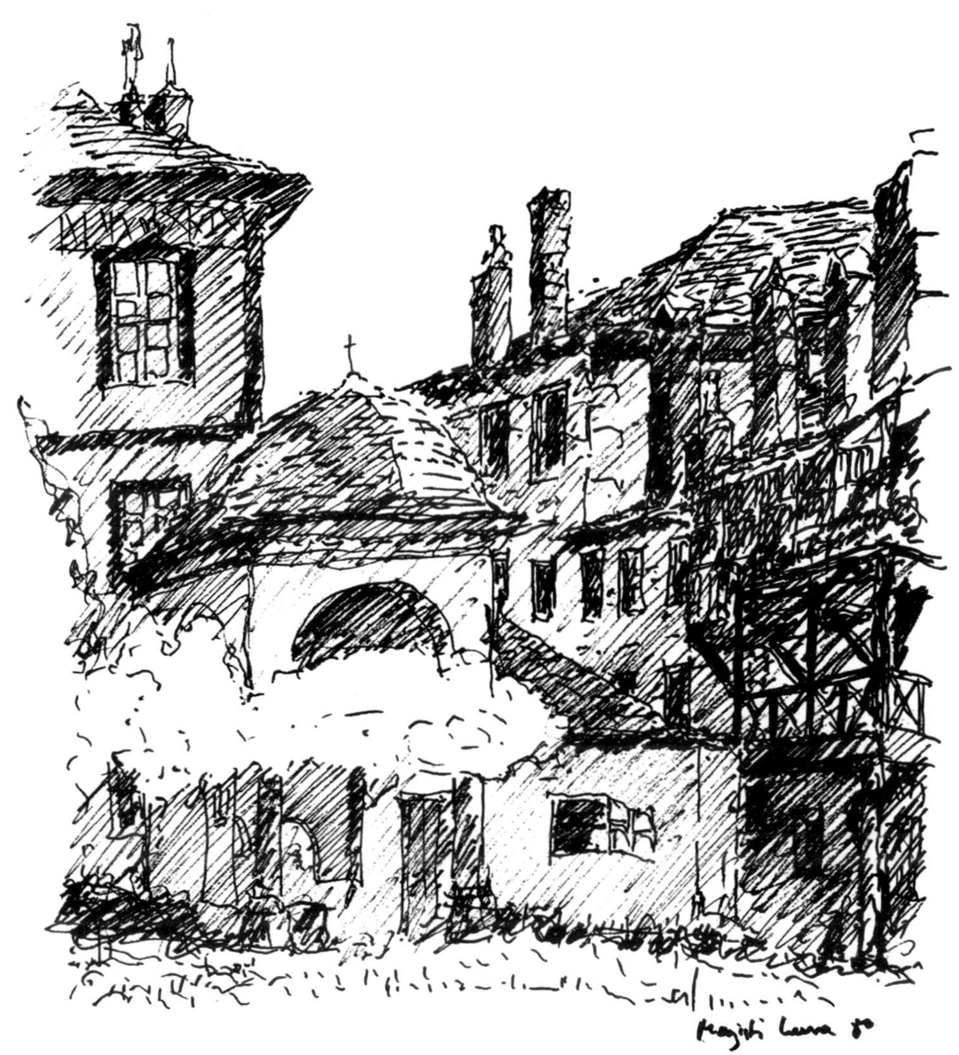

Berg Athos | Mount Athos | Άγιον Όρος

Dochiari 1980

Federzeichnung | India ink | Σινική μελάνη

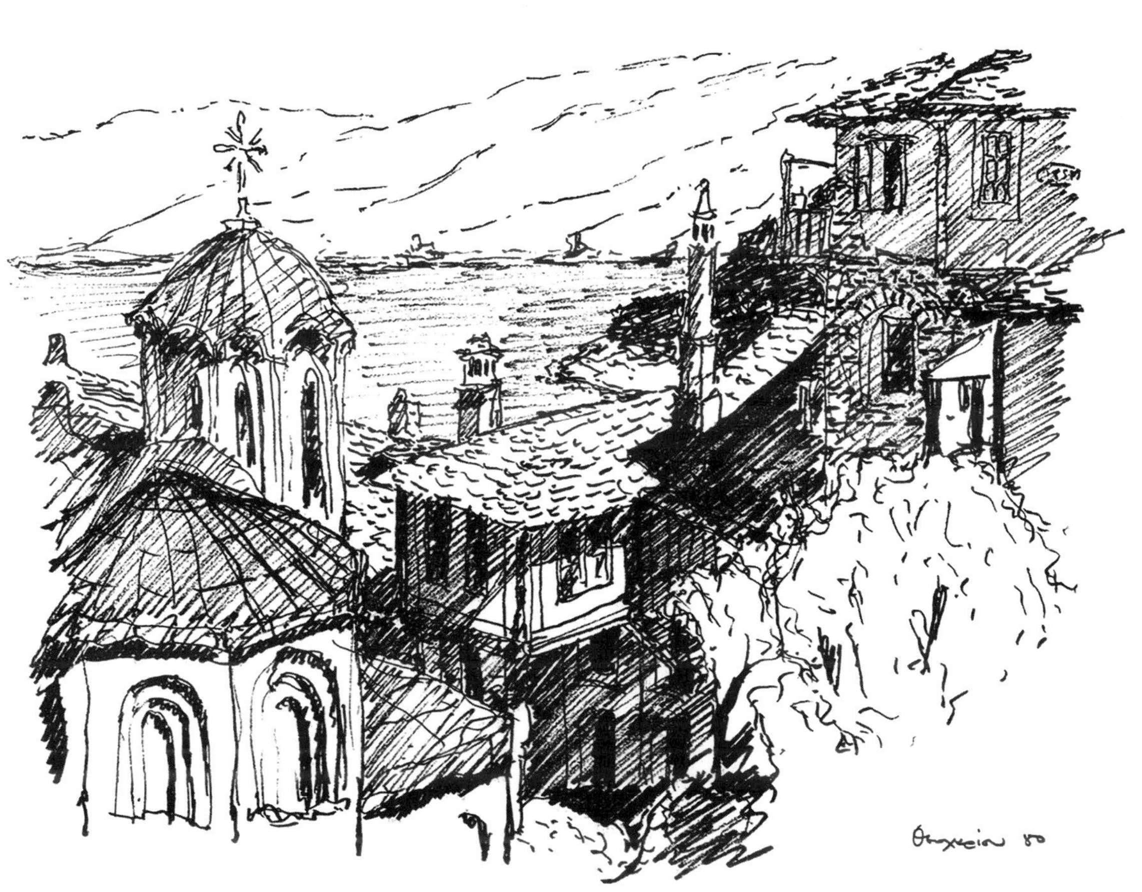

Berg Athos | Mount Athos | Άγιον Όρος
Xiropotamou 1980
Federzeichnung | India ink | Σινική μελάνη

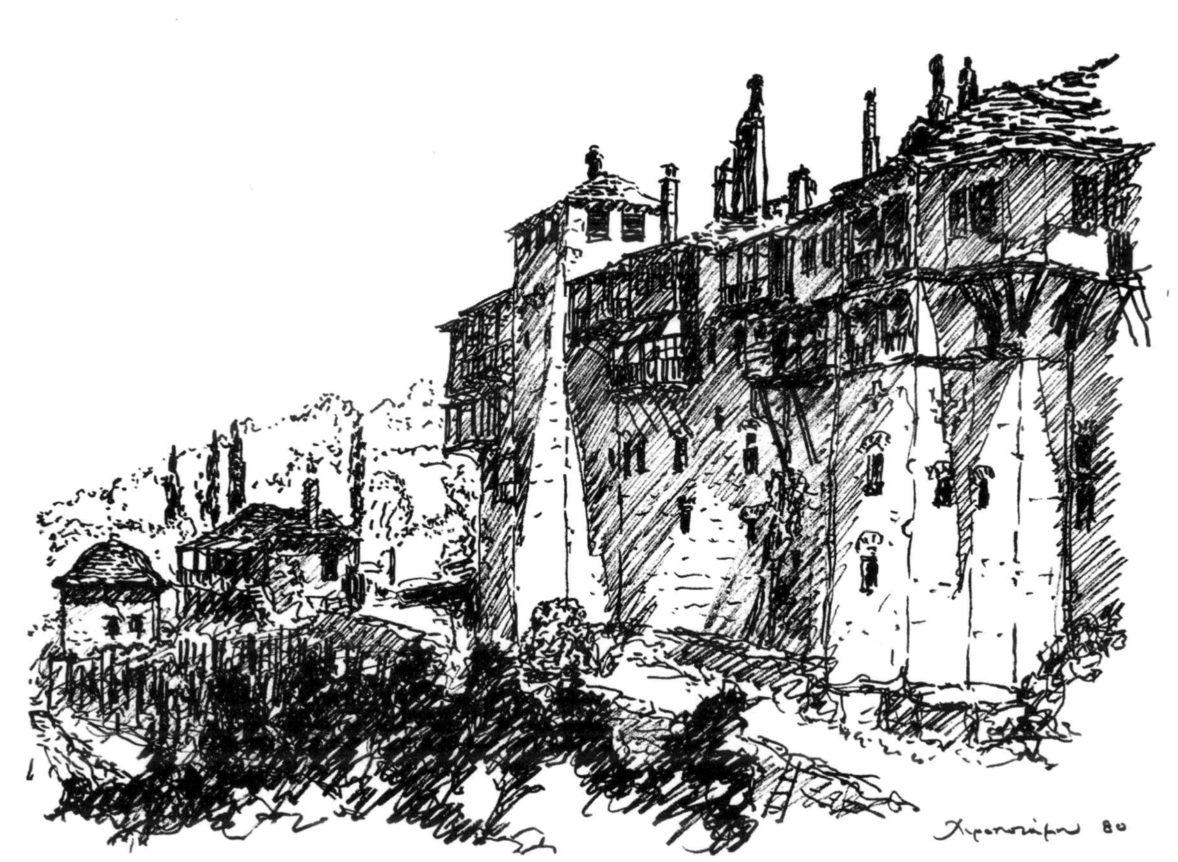

Berg Athos | Mount Athos | Άγιον Όρος
Xenofontos 1980
Federzeichnung | India ink | Σινική μελάνη

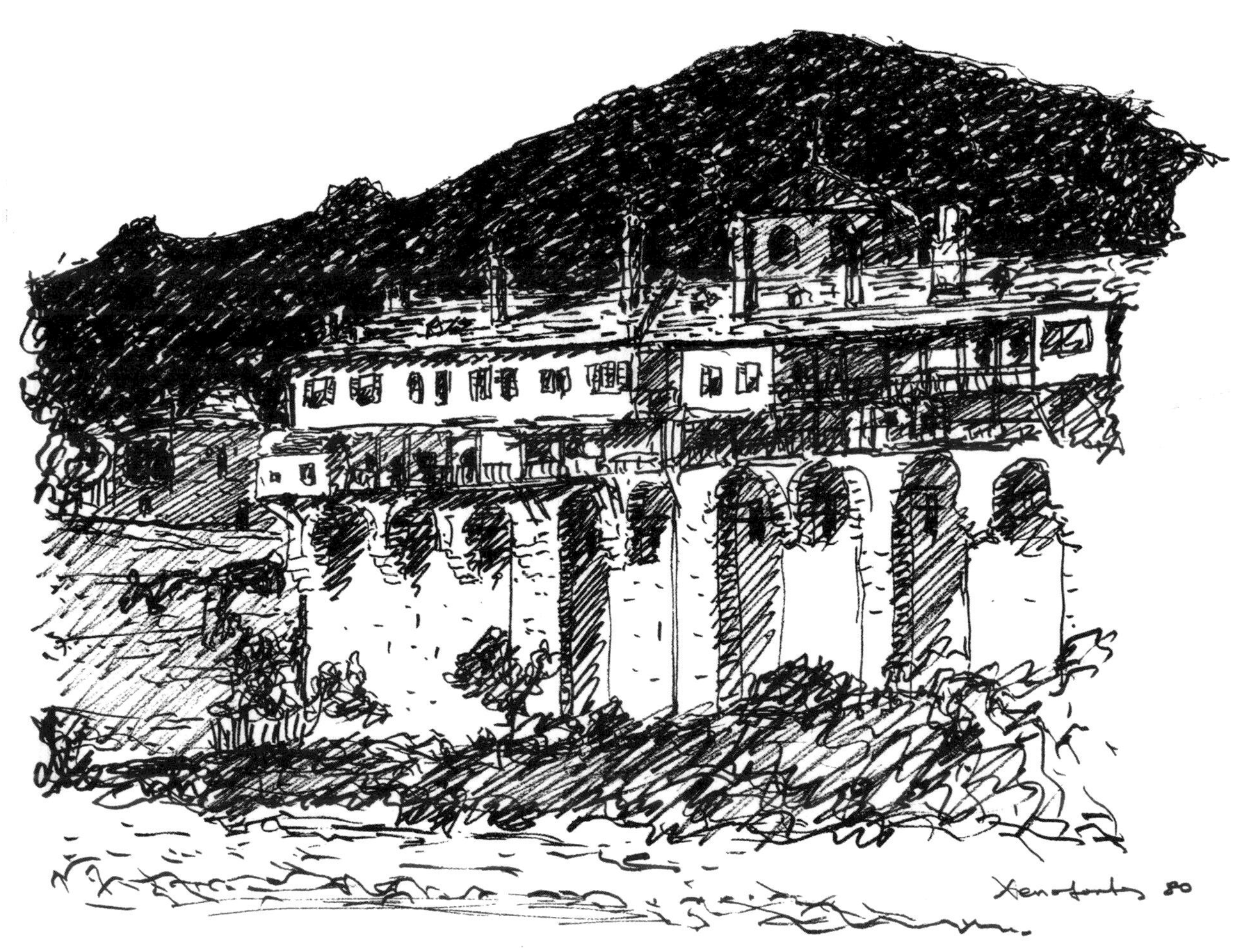
Xenofontos 80

Berg Athos | Mount Athos | Άγιον Όρος
Xenofontos 1980
Federzeichnung | India ink | Σινική μελάνη

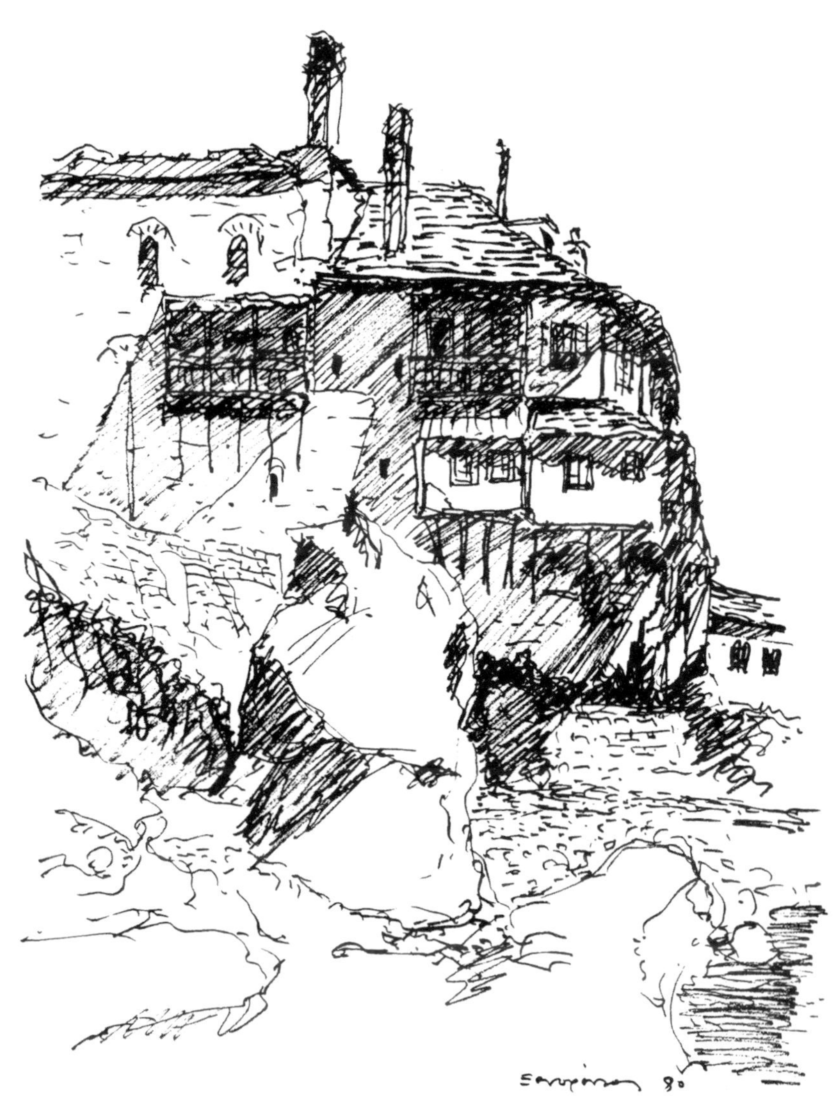

Berg Athos | Mount Athos | Άγιον Όρος
Karakalou 1980
Federzeichnung | India ink | Σινική μελάνη

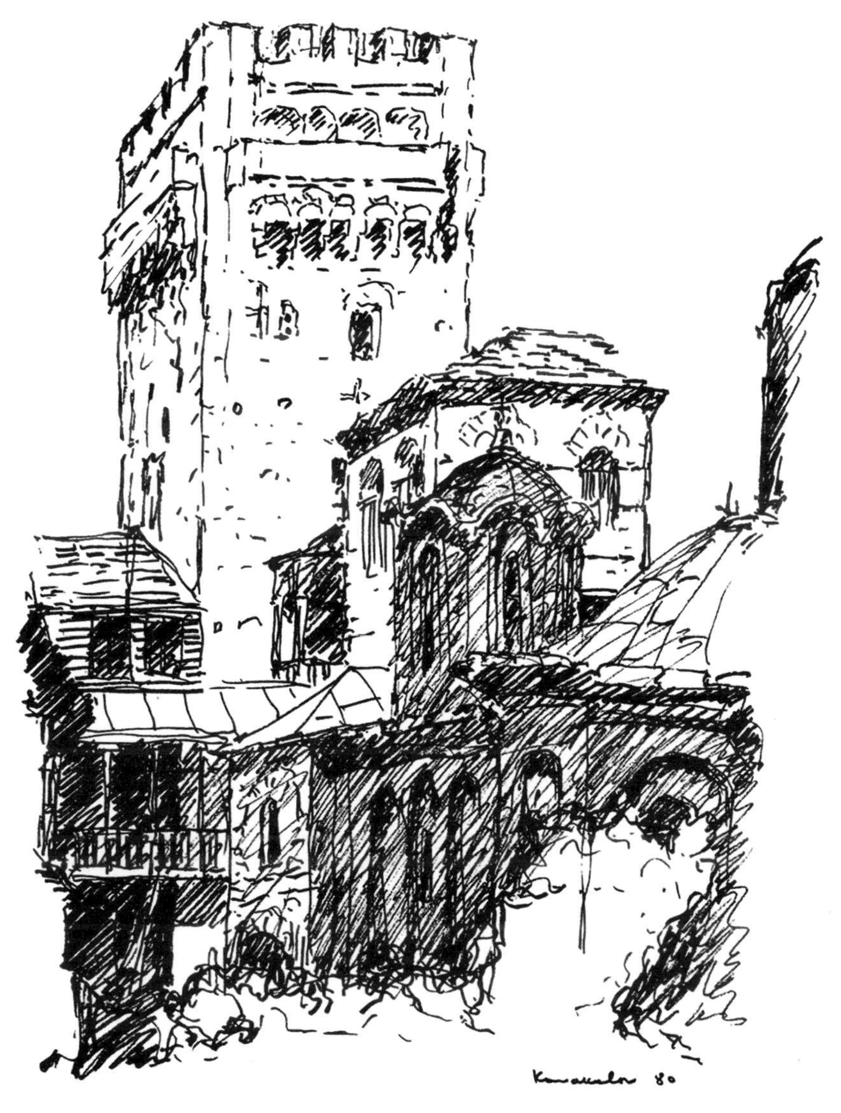

Berg Athos | Mount Athos | Άγιον Όρος

Simonos Petras 1980

Federzeichnung | India ink | Σινική μελάνη

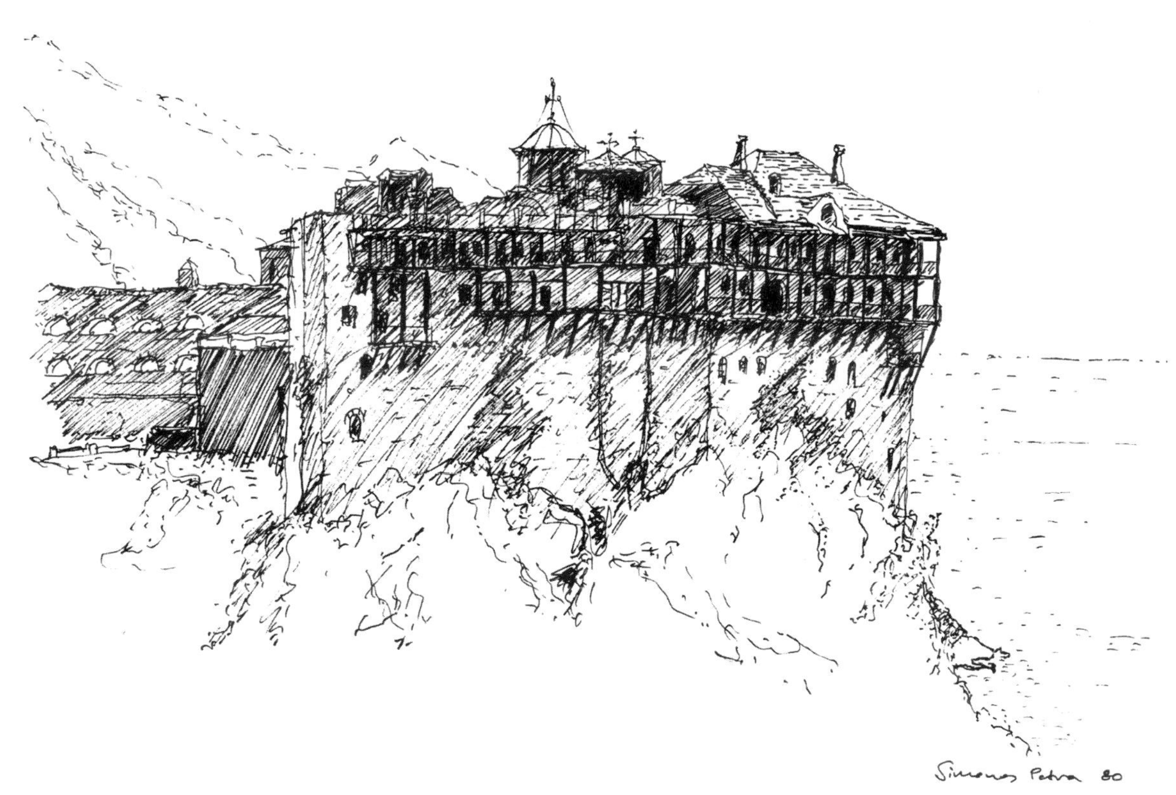
Simonos Petra 80

Berg Athos | Mount Athos | Άγιον Όρος
Simonos Petras 1980
Federzeichnung | India ink | Σινική μελάνη

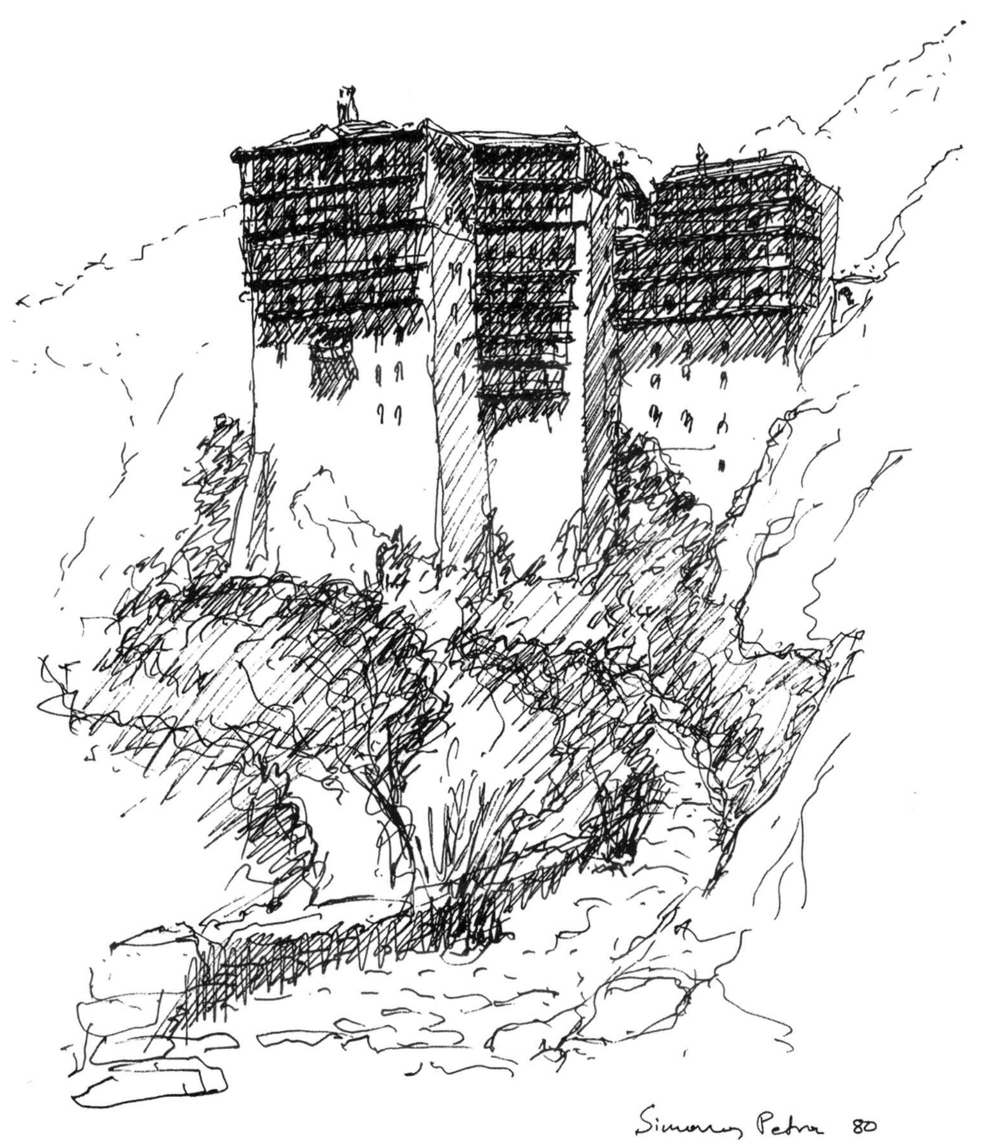
Simonos Petra 80

Slowenien | Slovenia | Σλοβενία
Jože Plečnik – Župnijska cerkev, Bogojina 1983
Bleistiftzeichnung | Pencil | Μολύβι

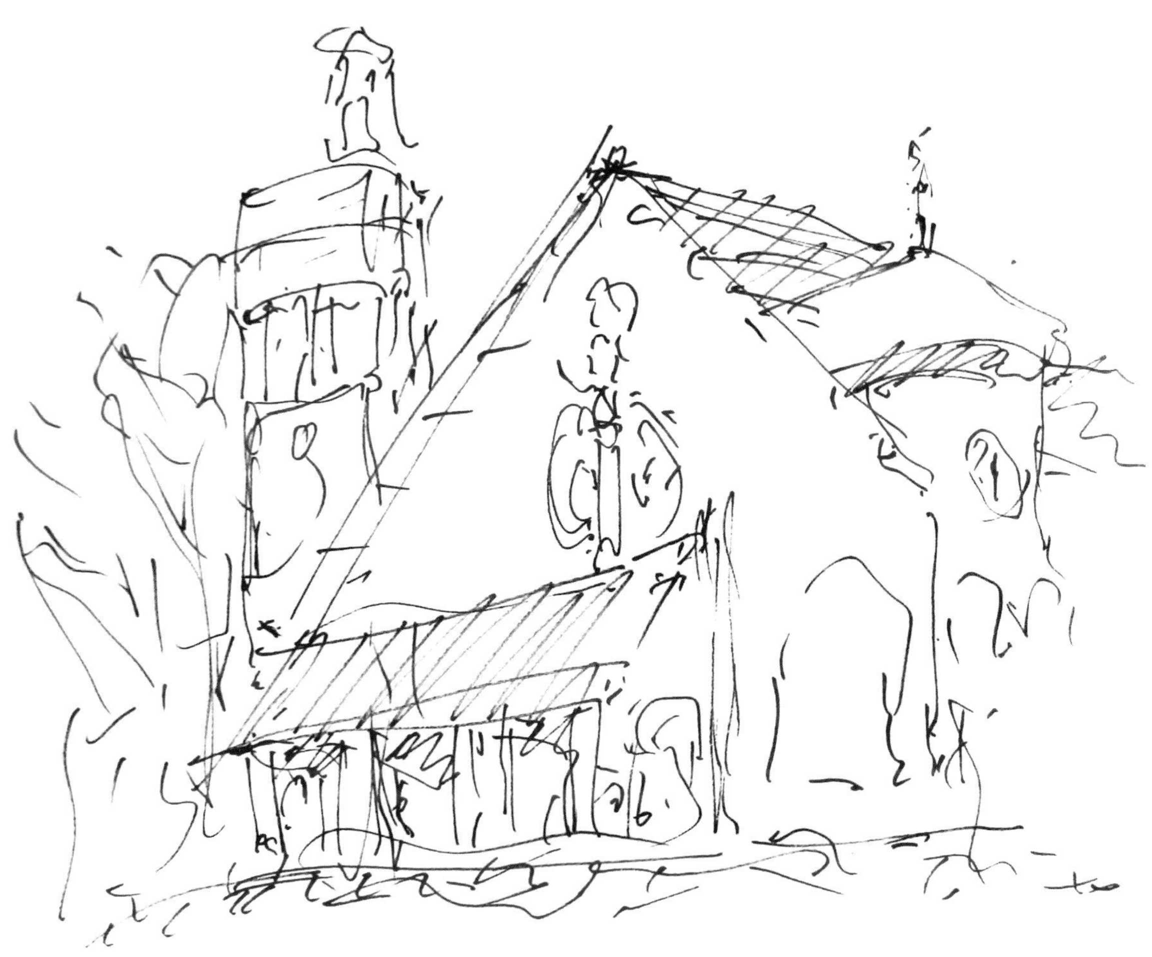

Griechenland | Greece | Ελλάδα
Folegandros 1984
Federzeichnung | India ink | Σινική μελάνη

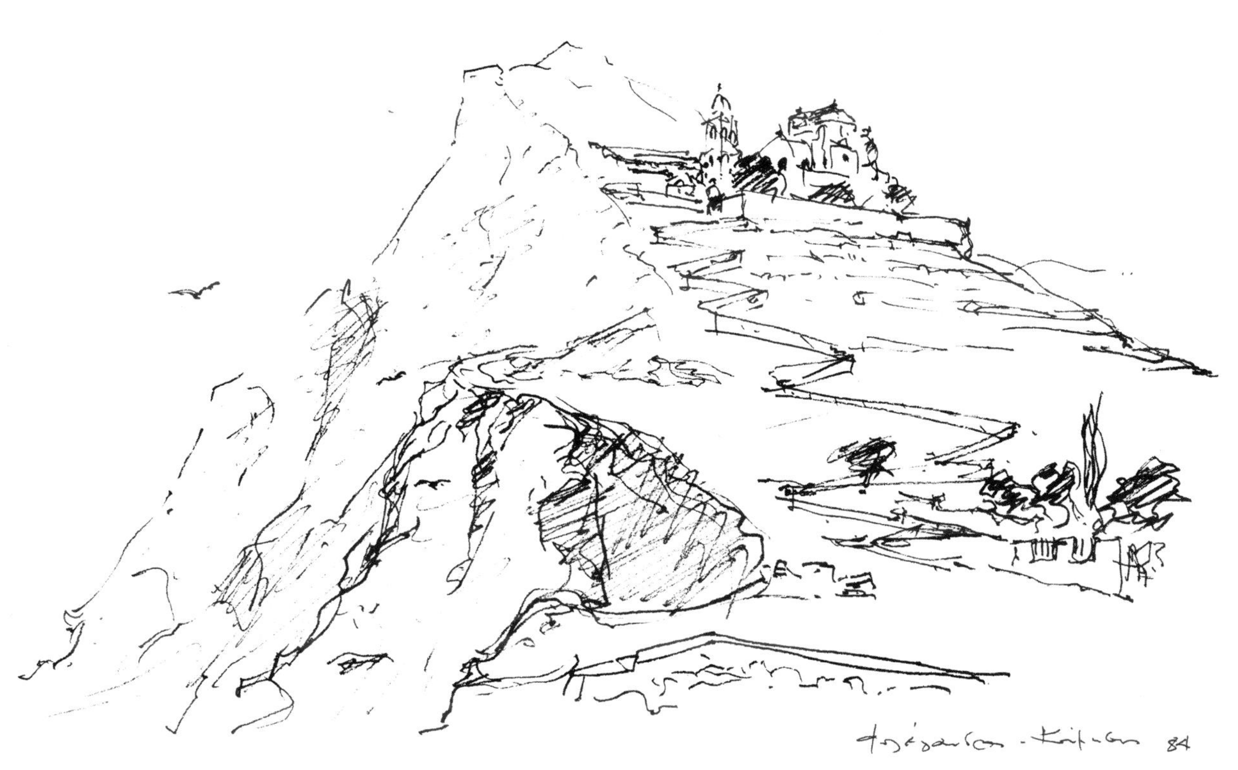

Griechenland | Greece | Ελλάδα
Folegandros 1984
Federzeichnung | India ink | Σινική μελάνη

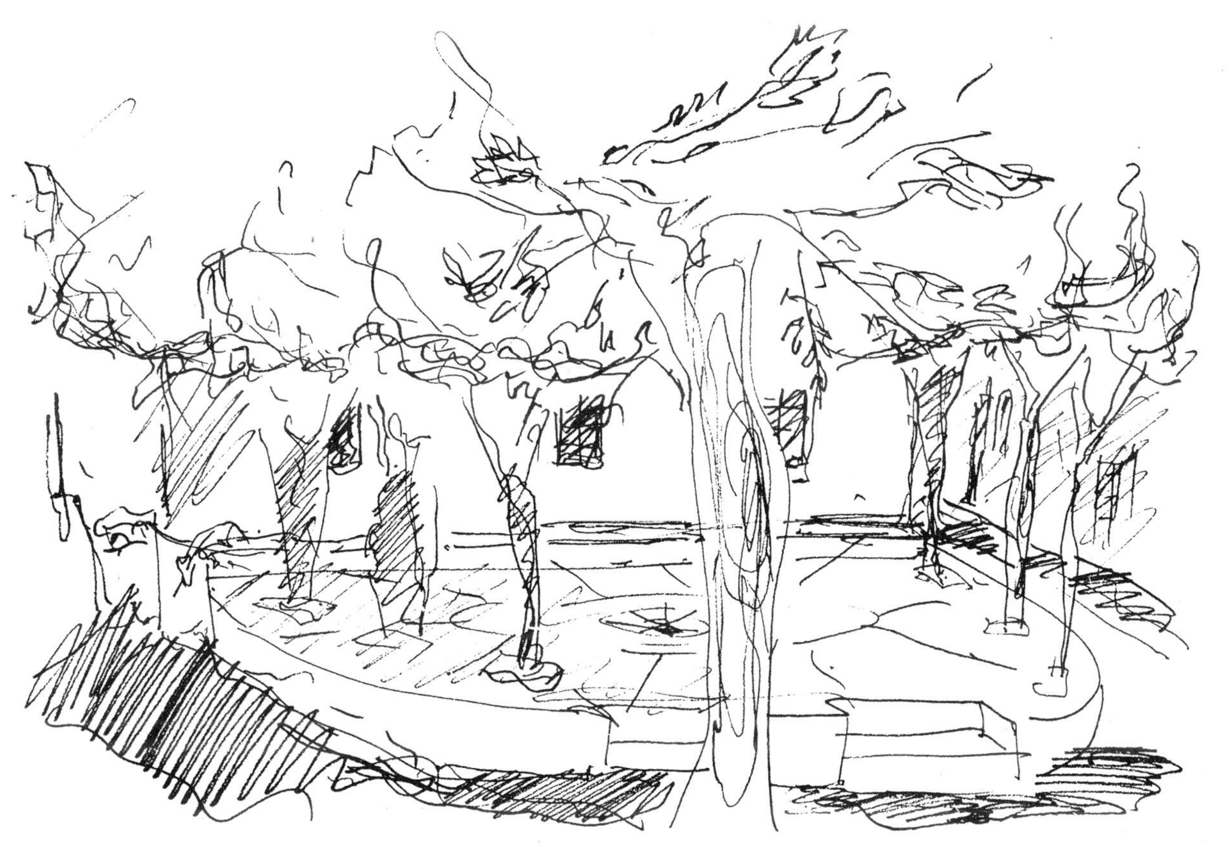

Griechenland | Greece | Ελλάδα
Folegandros 1984
Federzeichnung | India ink | Σινική μελάνη

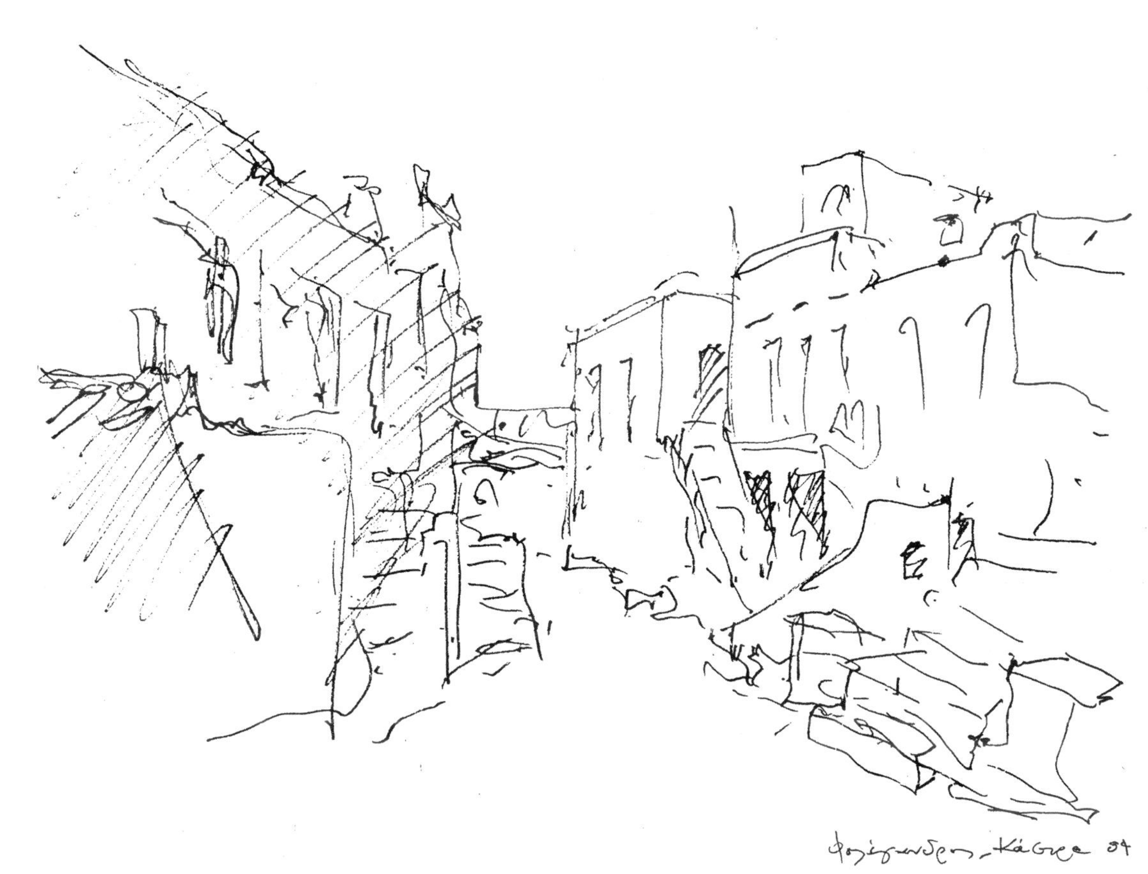

Deutschland | Germany | Γερμανία

Neue Staatsgalerie – Stuttgart 1984

Bundstiftzeichnung | Colored pencil | Χρωματιστό μολύβι

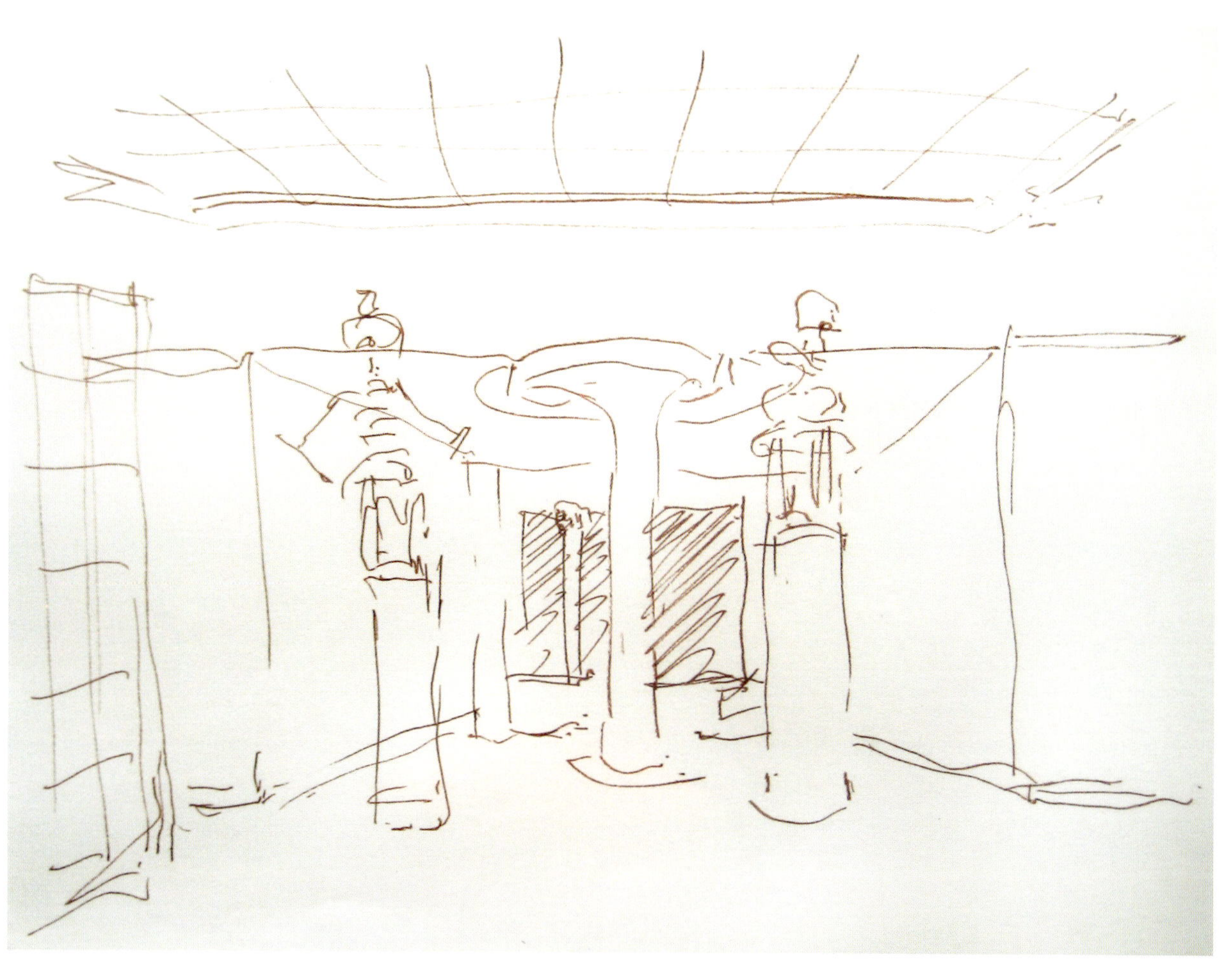

Holland | Holland | Ολλανδία

Spaamdammerplatz – Amsterdam 1984

Bundstiftzeichnung | Colored pencil | Χρωματιστό μολύβι

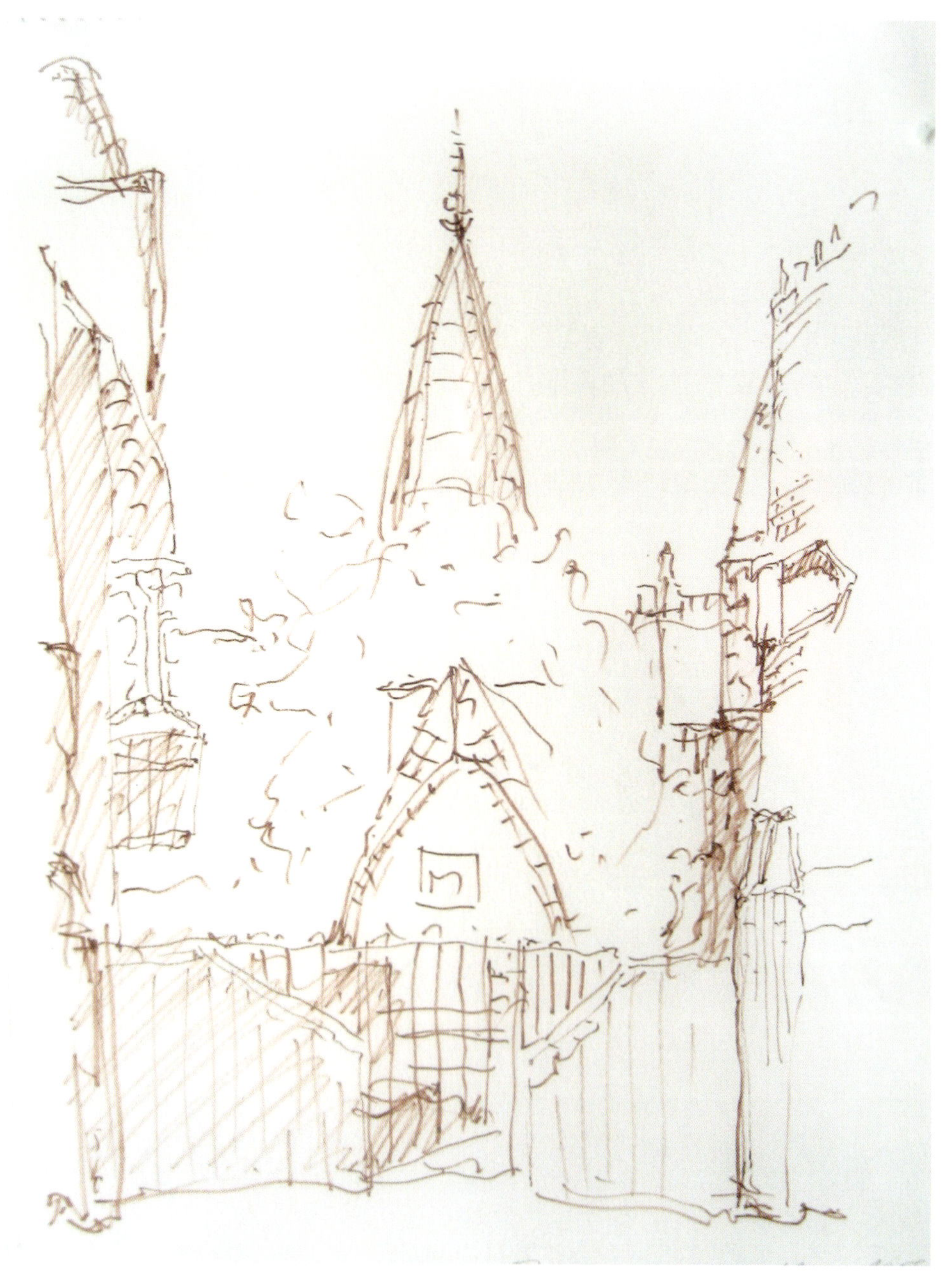

China | China | Κίνα

Tai 1986

Federzeichnung | India ink | Σινική μελάνη

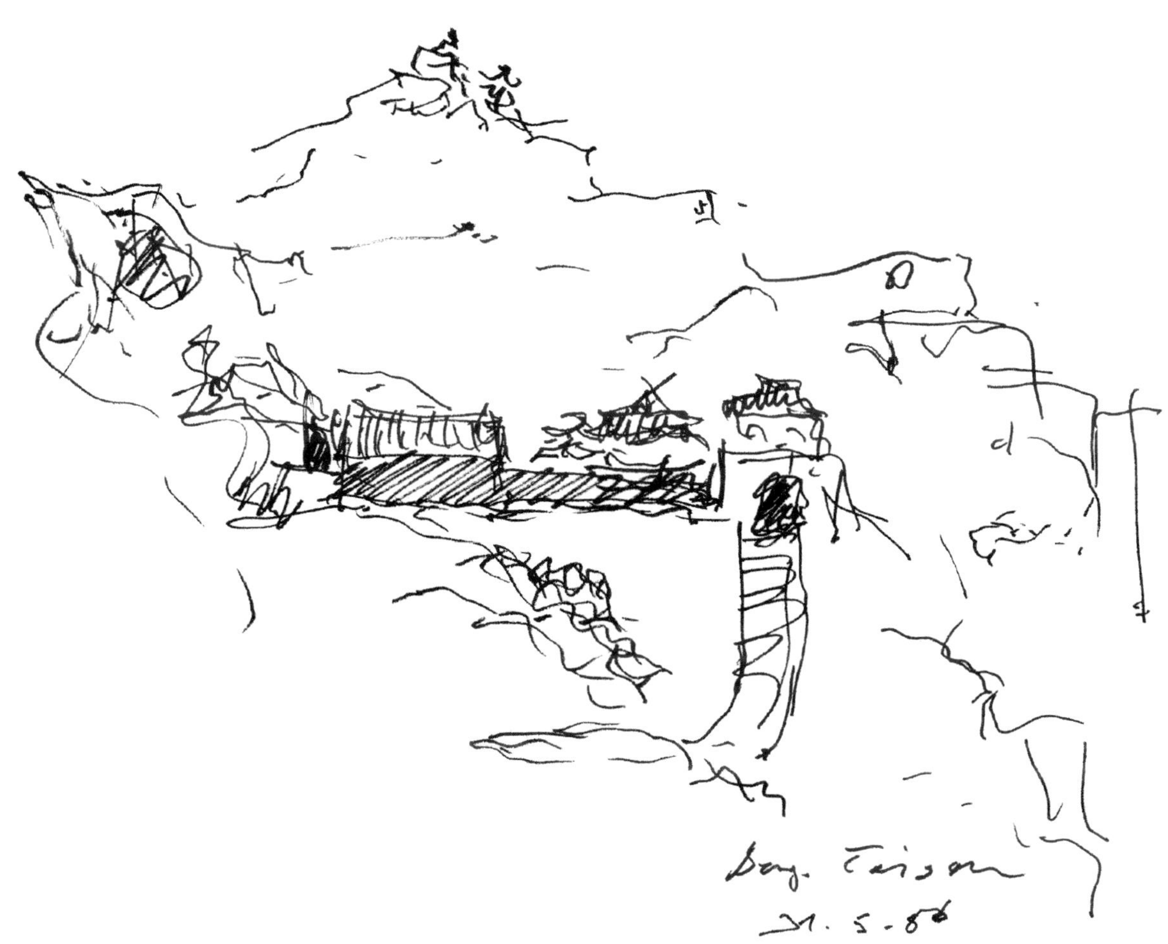

Berg Athos | Mount Athos | Άγιον Όρος
Stavronikita 1987
Federzeichnung | India ink | Σινική μελάνη

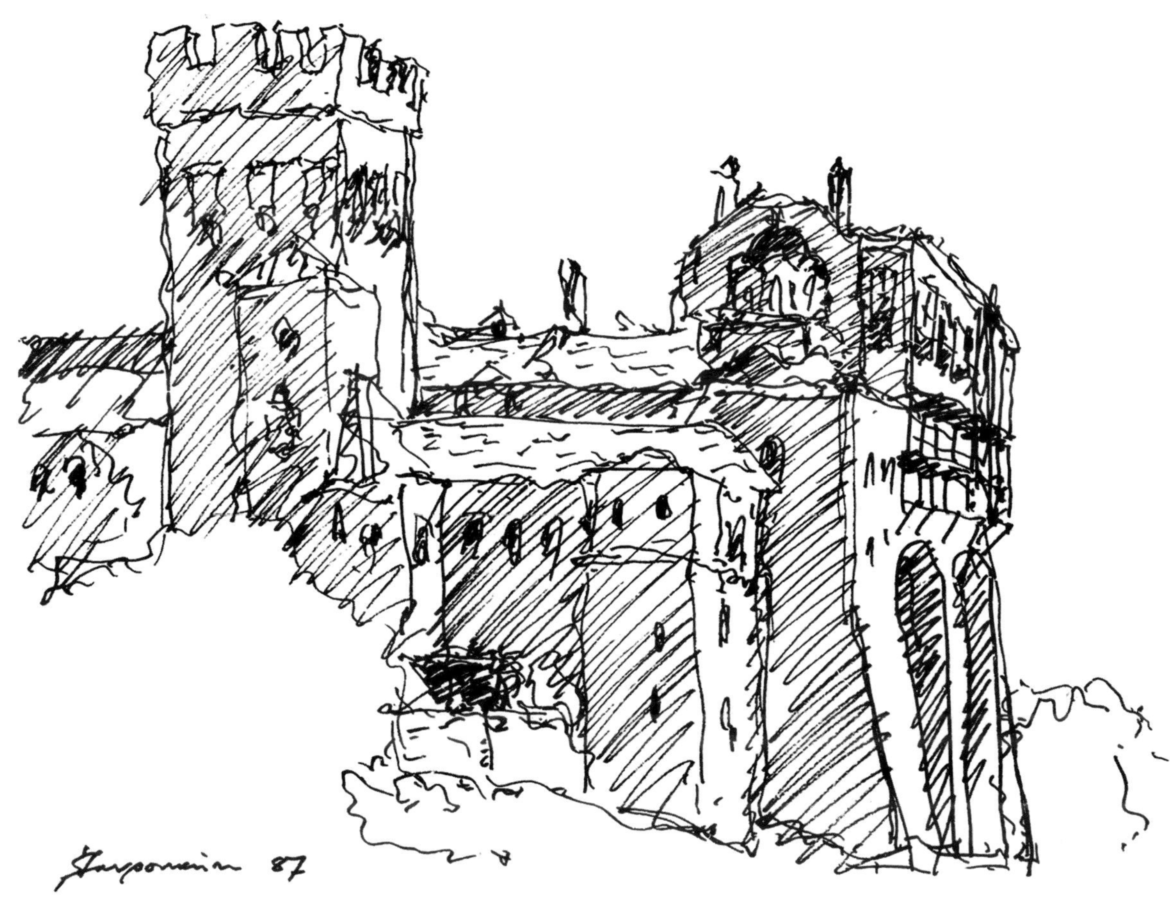

Berg Athos | Mount Athos | Άγιον Όρος
Esfigmenou 1987
Federzeichnung | India ink | Σινική μελάνη

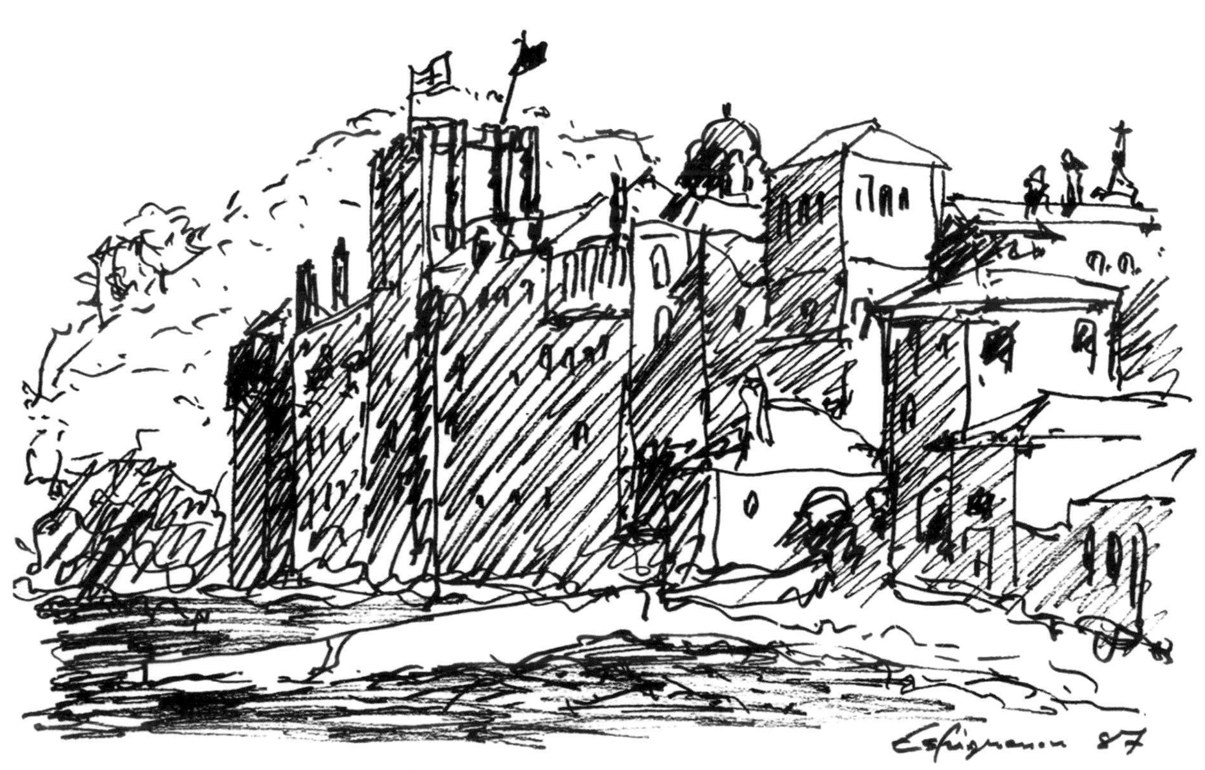
Esfigmenou 87

Berg Athos | Mount Athos | Άγιον Όρος

Pantokratoros 1987

Aquarell | Watercolors | Υδατογραφία

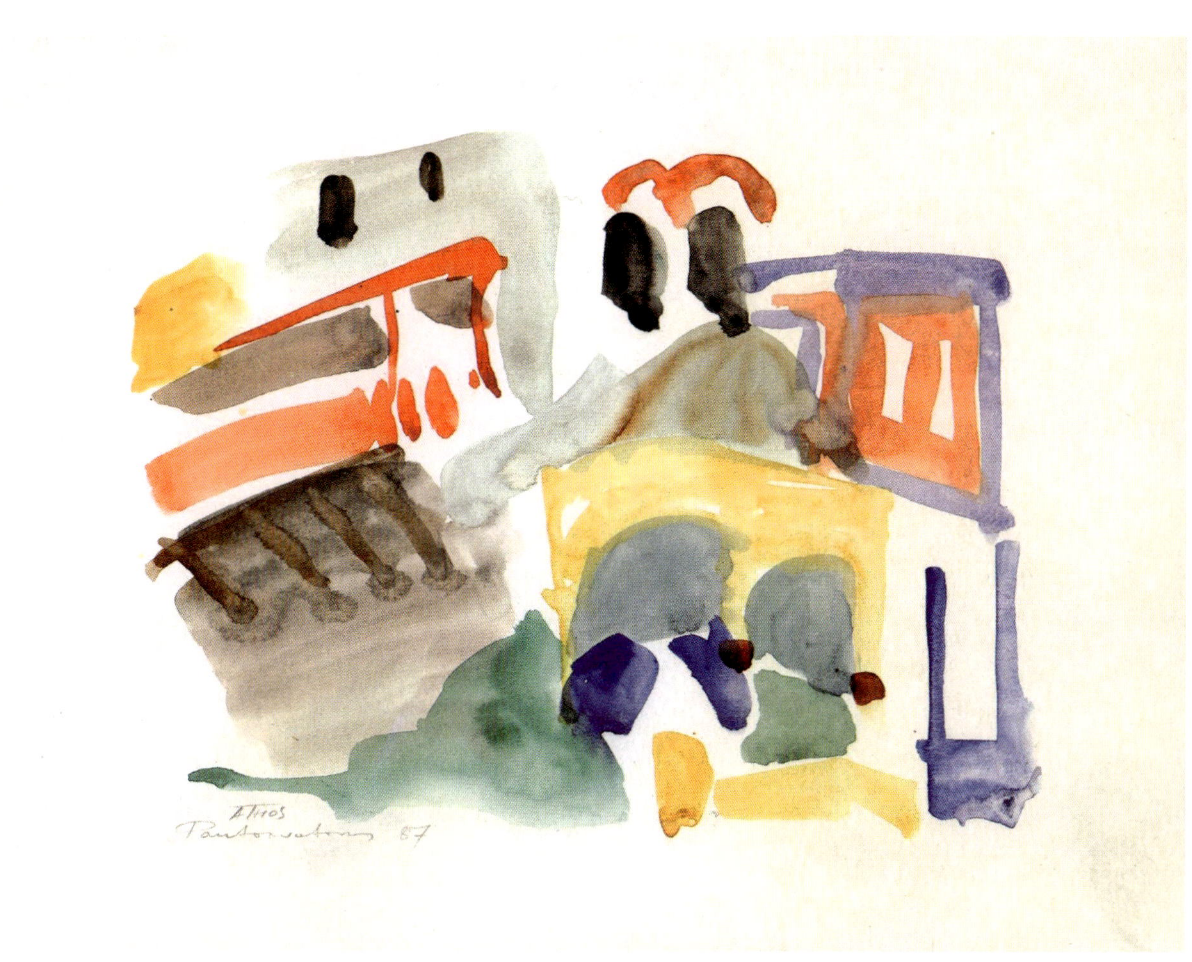

Kroatien | Croatia | Κροατία

Dubrovnik 1989

Federzeichnung | India ink | Σινική μελάνη

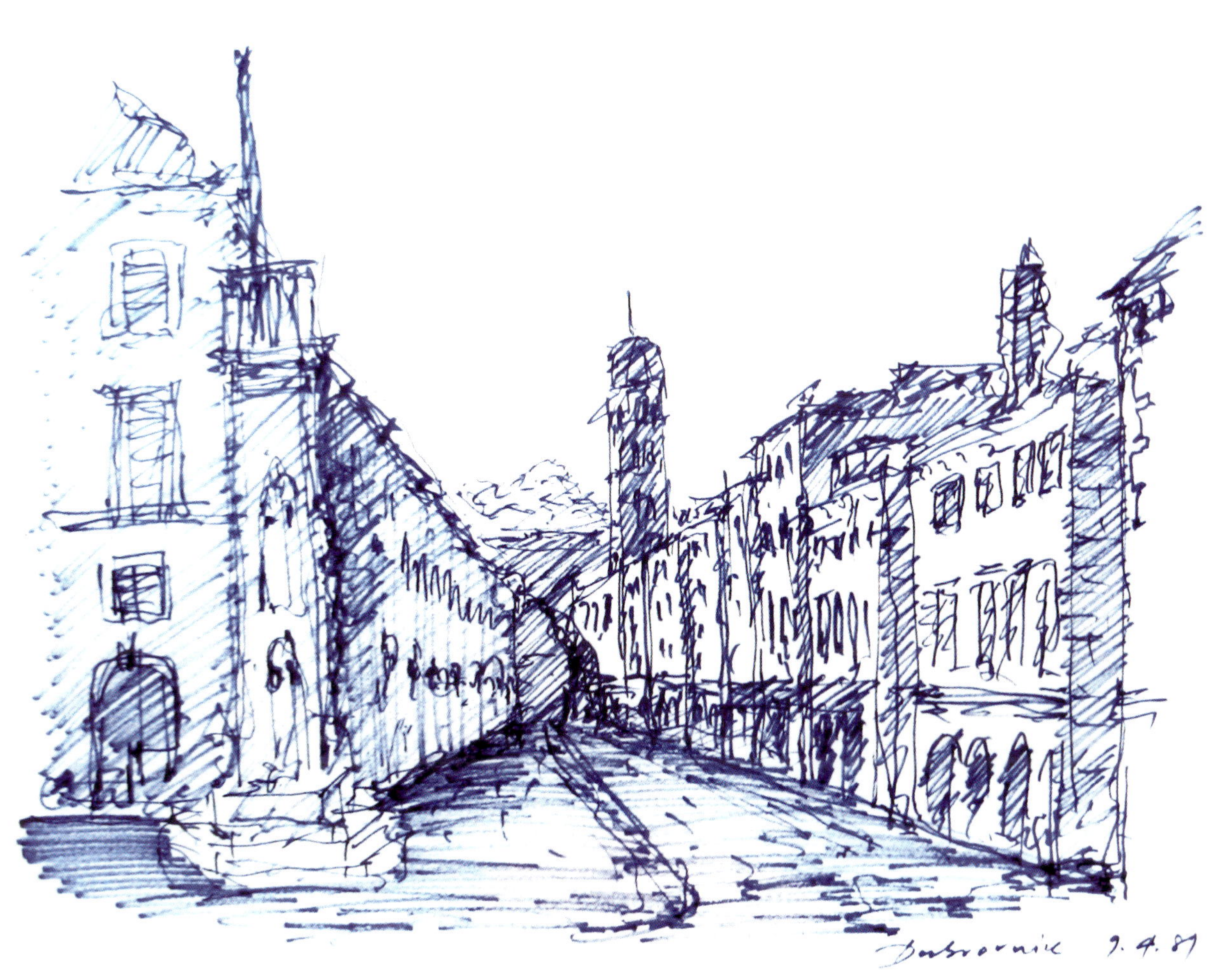
Dubrovnik 9. 4. 81

Kroatien | Croatia | Κροατία
Split 1989
Federzeichnung | India ink | Σινική μελάνη

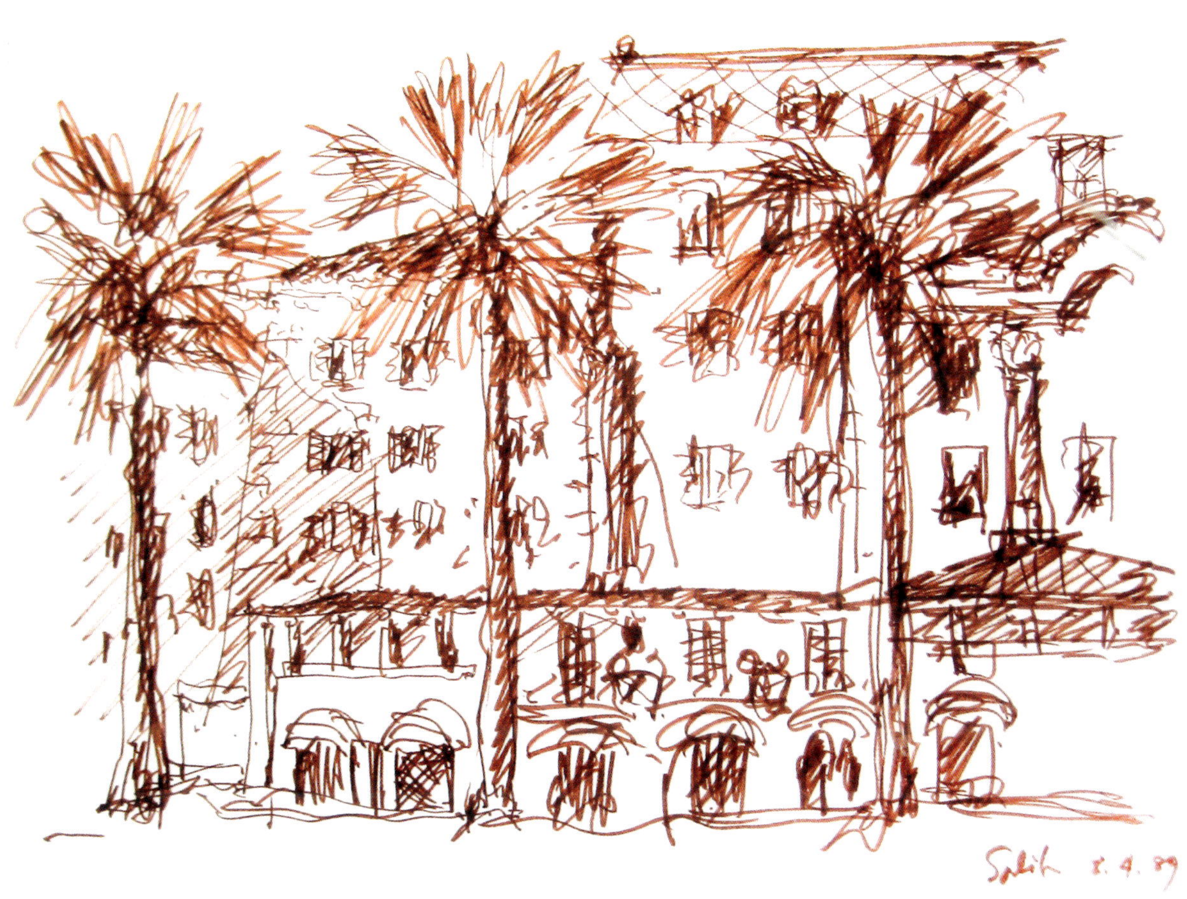

Kroatien | Croatia | Κροατία

Split 1989

Federzeichnung | India ink | Σινική μελάνη

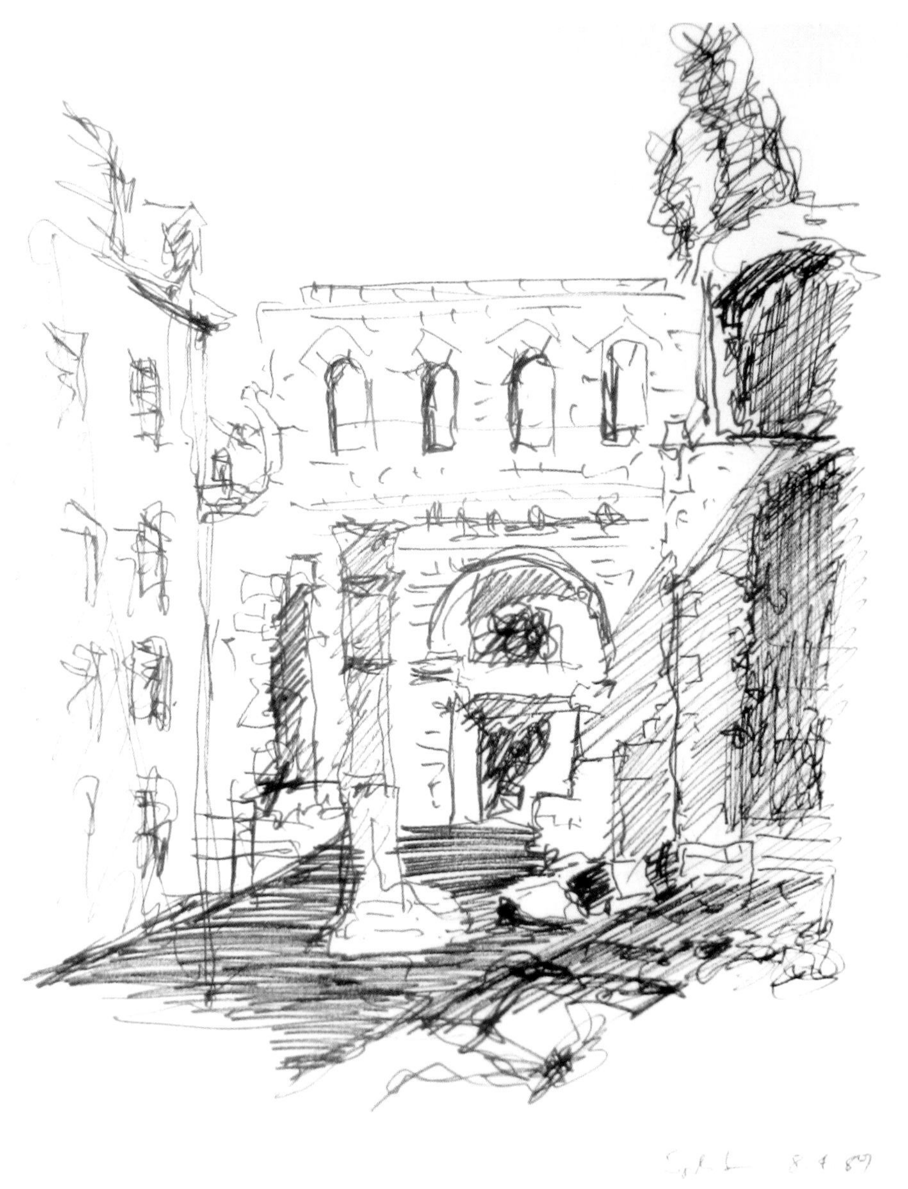

Albanien | Albania | Αλβανία
Berat 1989
Federzeichnung | India ink | Σινική μελάνη

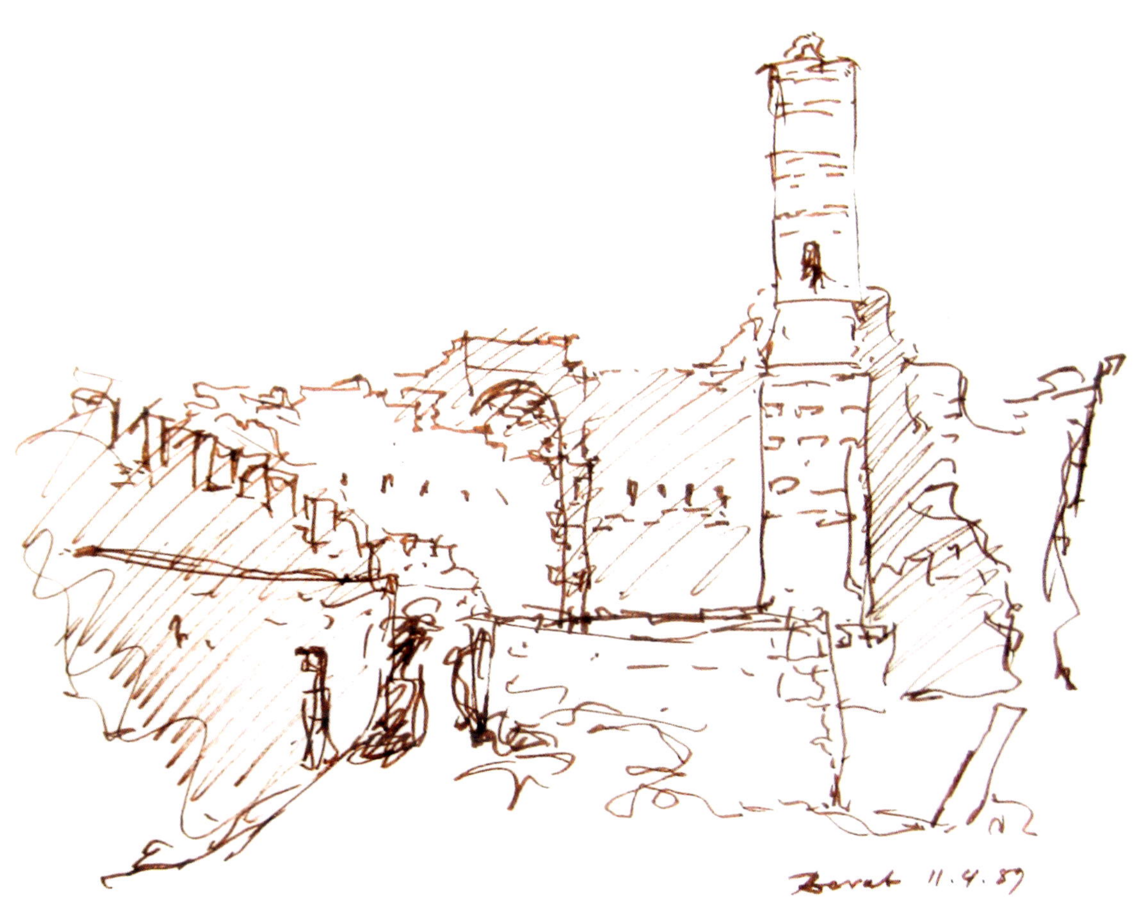

Griechenland | Greece | Ελλάδα

Aigina 1990

Bundstiftzeichnung | Colored pencil | Χρωματιστό μολύβι

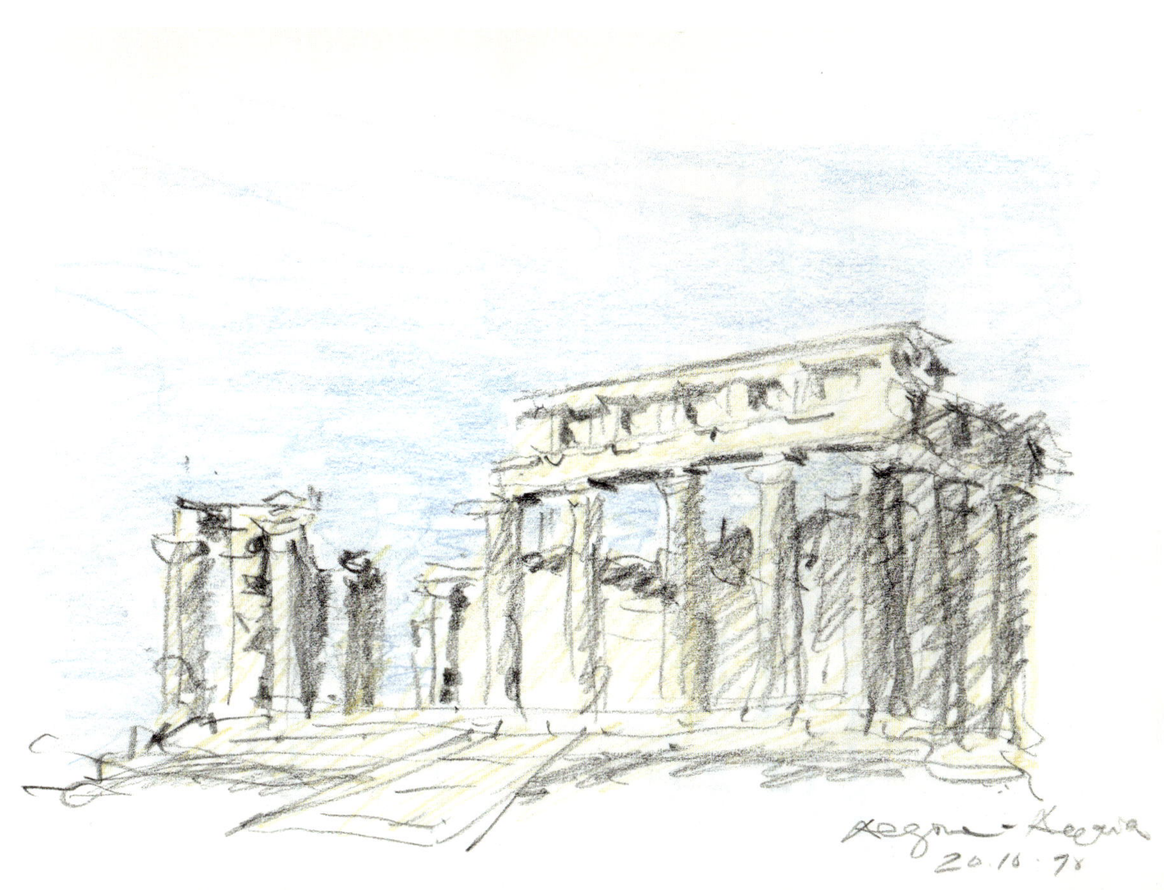
20.10.78

Griechenland | Greece | Ελλάδα
Aigina 1990
Bundstiftzeichnung | Colored pencil | Χρωματιστό μολύβι

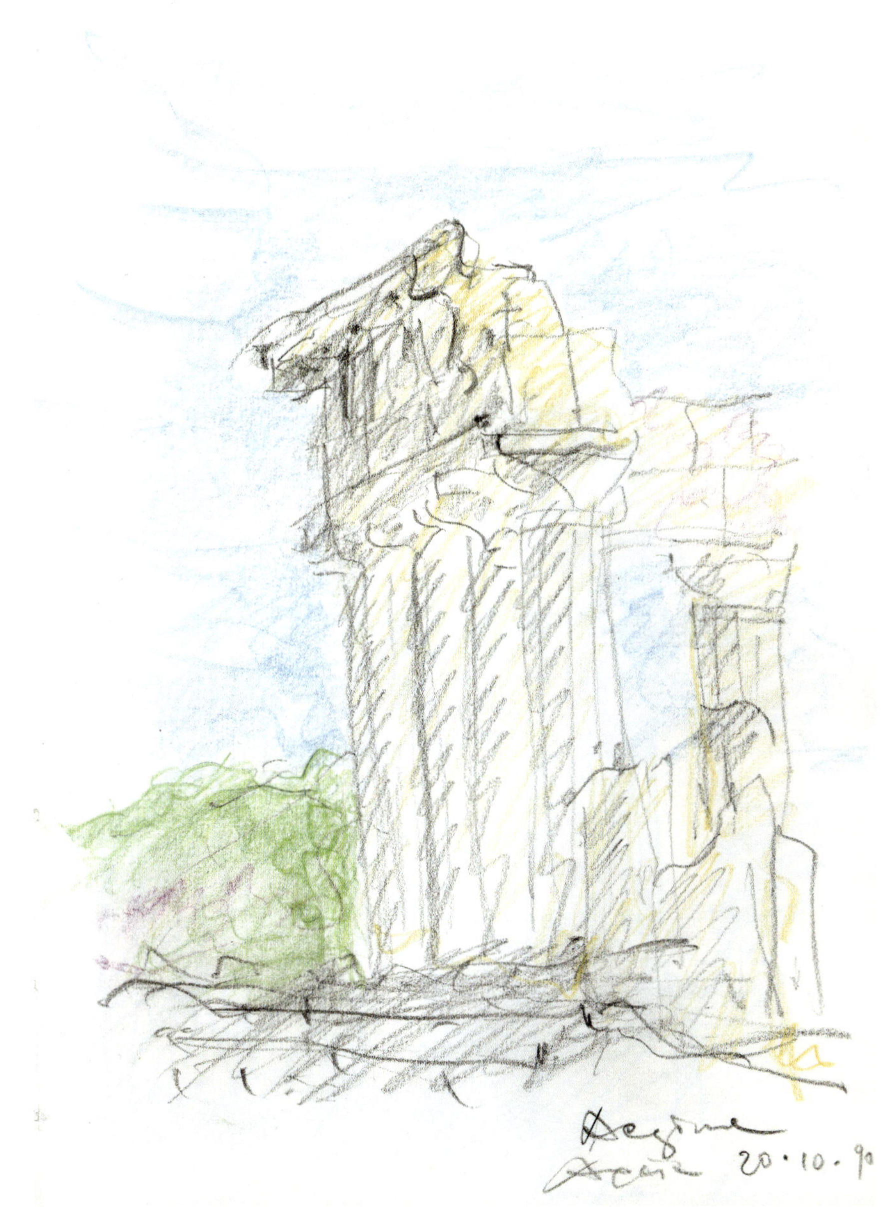
20·10·90

Griechenland | Greece | Ελλάδα

Aigina 1990

Federzeichnung | India ink | Σινική μελάνη

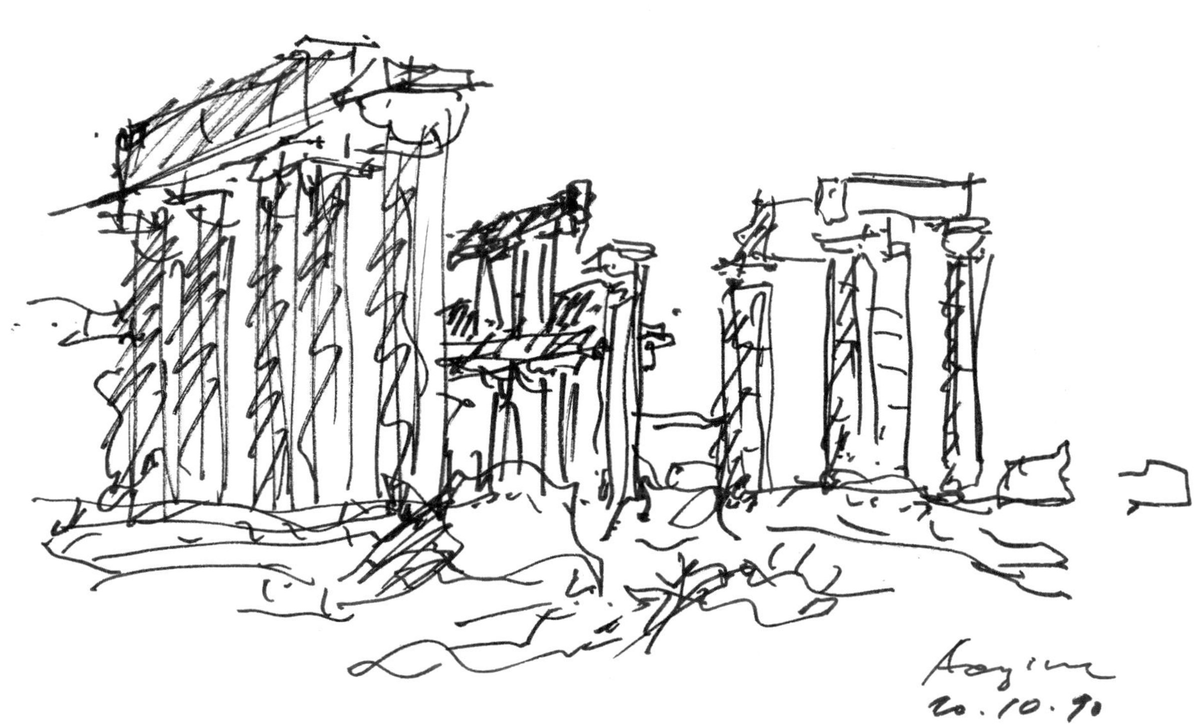

Griechenland | Greece | Ελλάδα

Aigina 1990

Federzeichnung | India ink | Σινική μελάνη

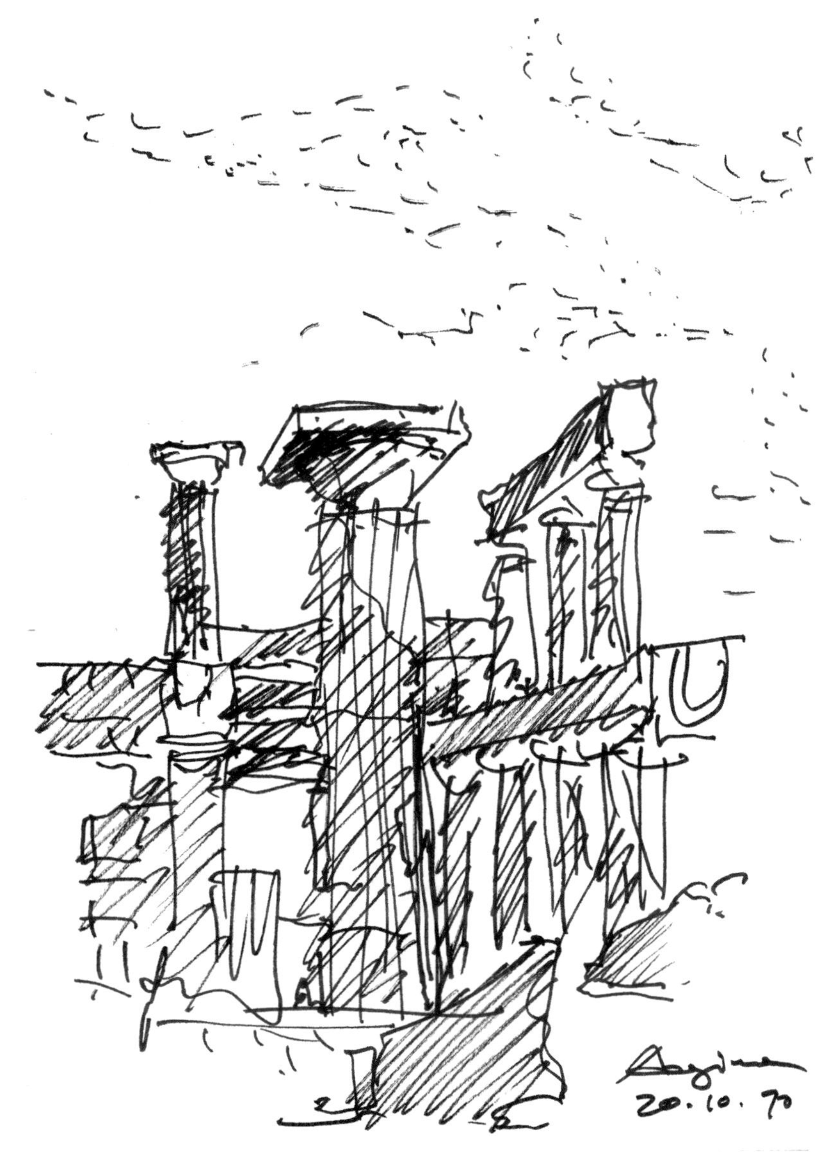

Griechenland | Greece | Ελλάδα
Athens 1990
Federzeichnung | India ink | Σινική μελάνη

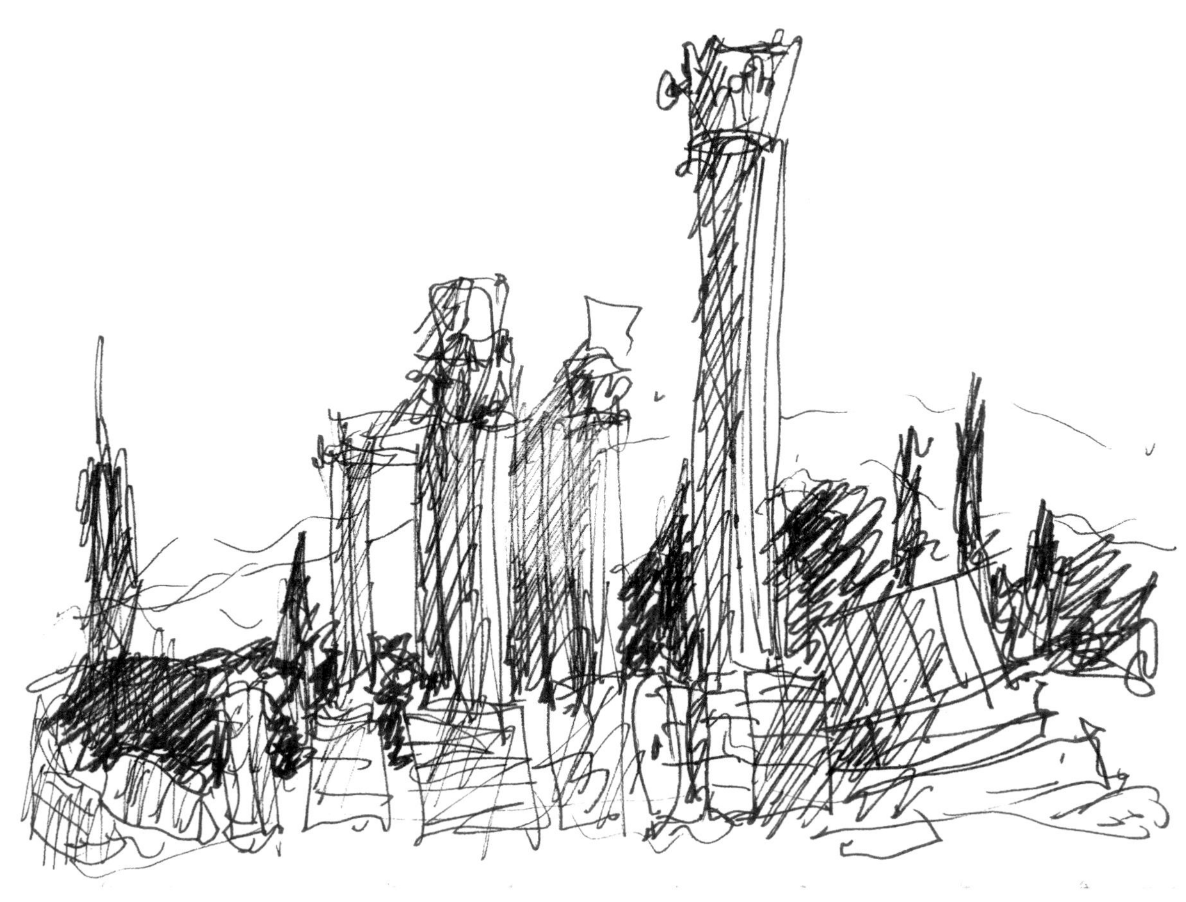

Italien | Italy | Ιταλία

Rotonda – Rovigo 1993

Federzeichnung | India ink | Σινική μελάνη

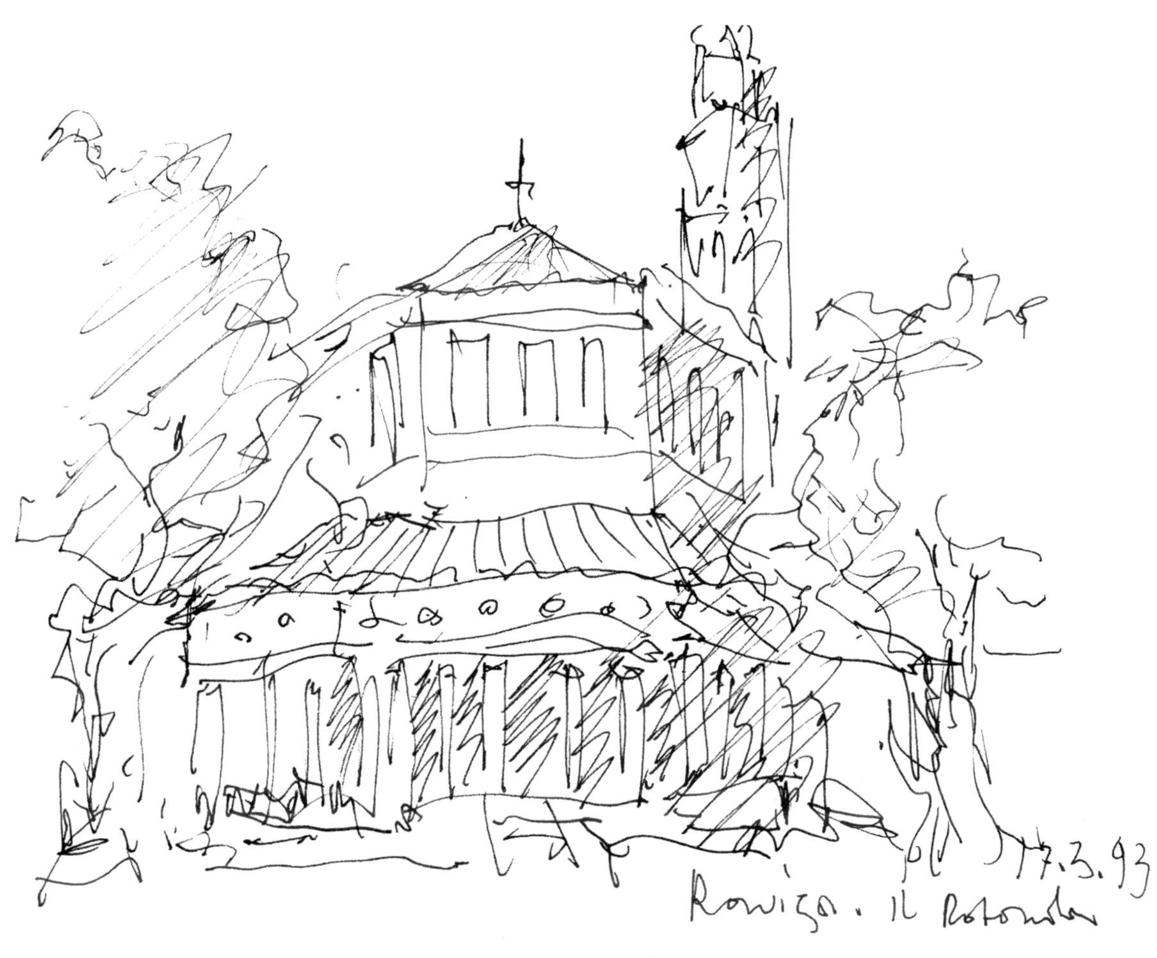
17.3.93
Rovigo. La Rotonda

Berg Athos | Mount Athos | Άγιον Όρος
Dochiari 1994
Aquarell | Watercolors | Υδατογραφία

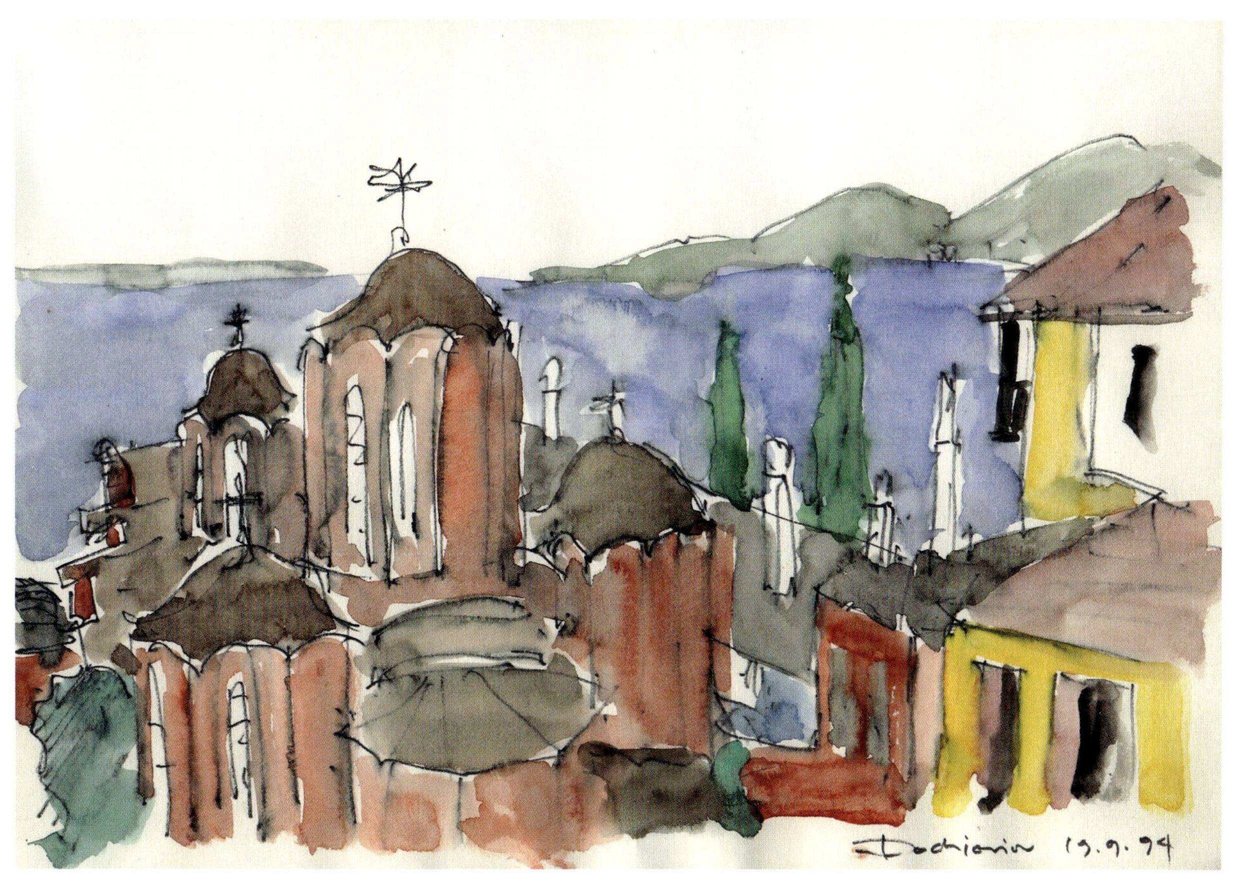
19.9.94

Berg Athos | Mount Athos | Άγιον Όρος
Dochiari 1994
Aquarell | Watercolors | Υδατογραφία

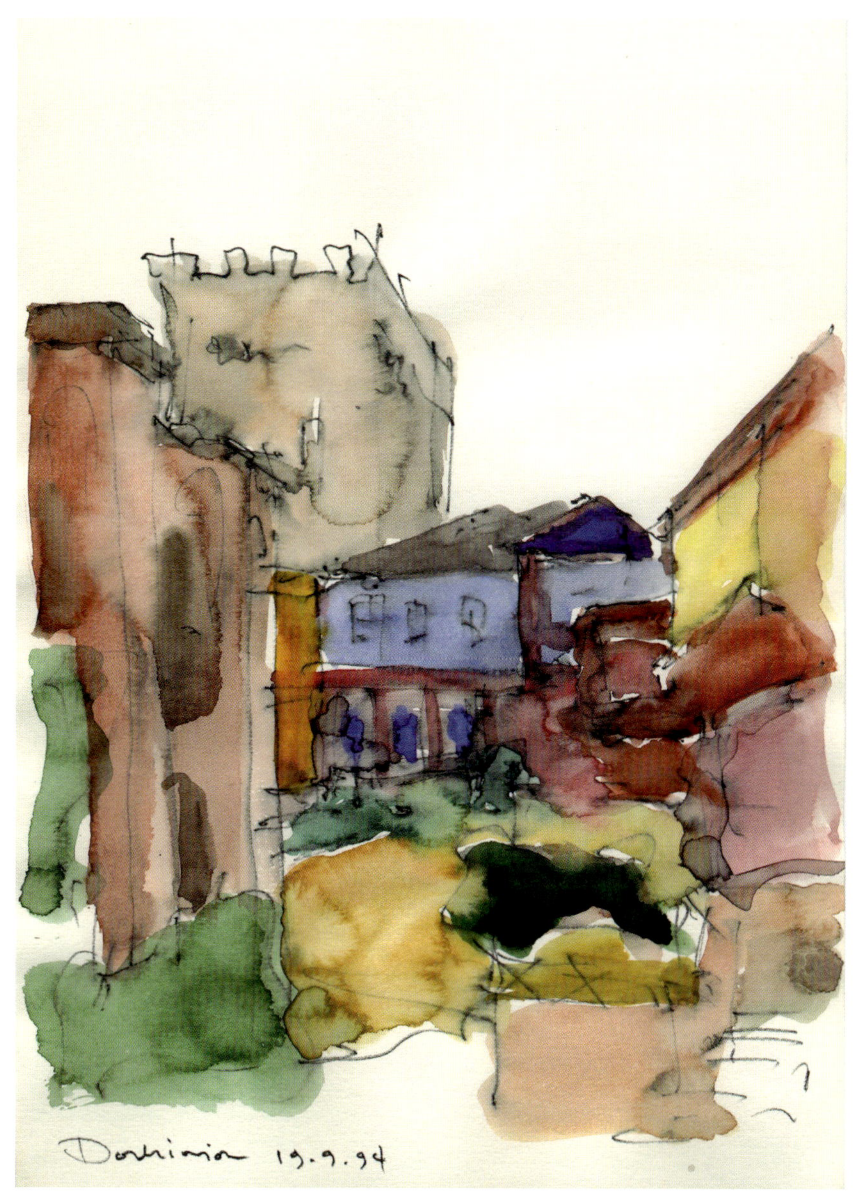
19.9.94

Finnland | Finland | Φινλανδία

Suomenlinna – Helsinki 1996

Federzeichnung | India ink | Σινική μελάνη

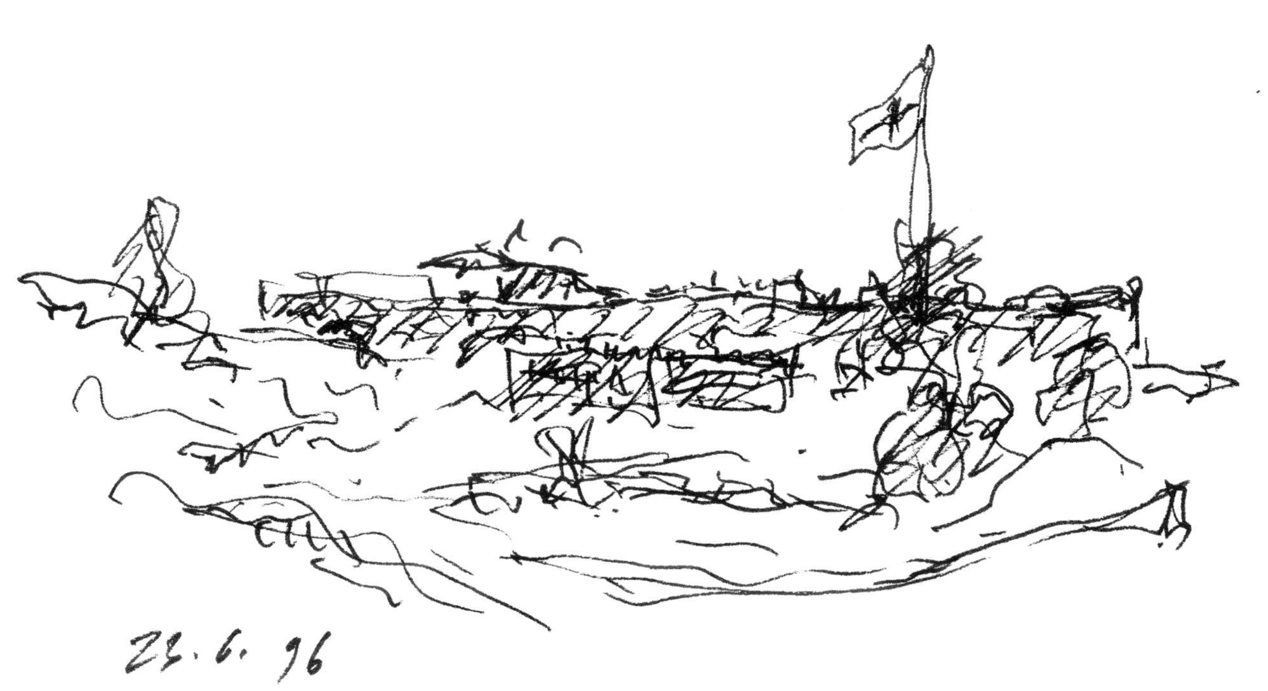
22. 6. 96

Berg Athos | Mount Athos | Άγιον Όρος
Simonos Petras 2000
Bleistiftzeichnung | Pencil | Μολύβι

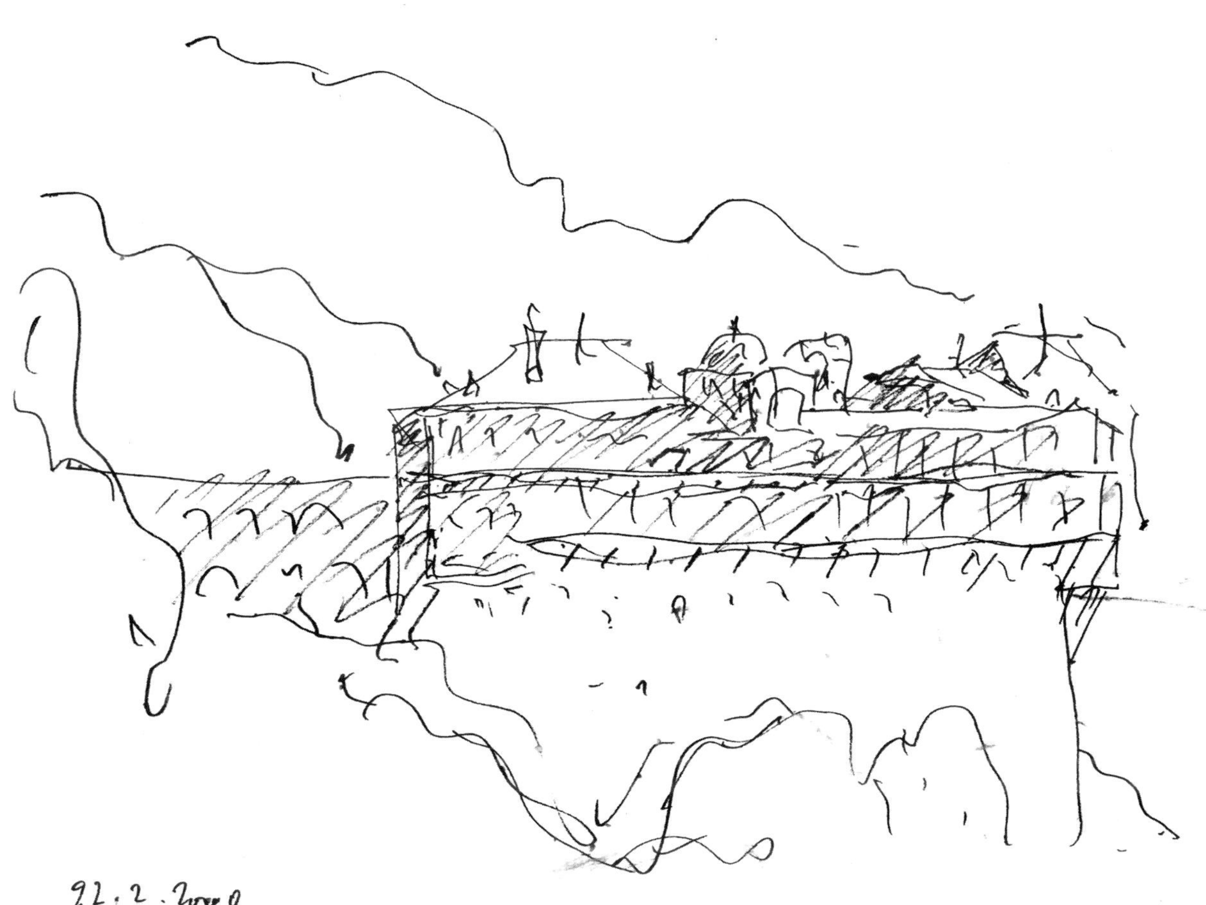
22.2.2000

Griechenland | Greece | Ελλάδα

Agios Achilleios – Prespes 2003

Federzeichnung | India ink | Σινική μελάνη

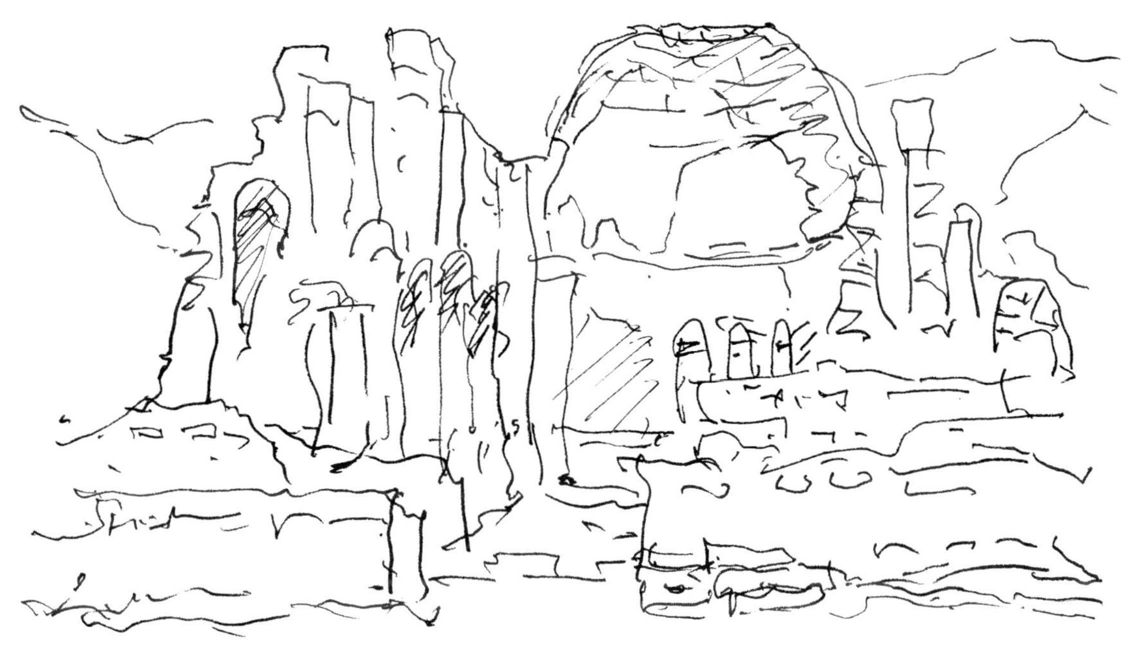

Αγ. Αχιλλειος 13.5.2003

Griechenland | Greece | Ελλάδα

Mikri Prespa 2003

Bundstiftzeichnung | Colored pencil | Χρωματιστό μολύβι

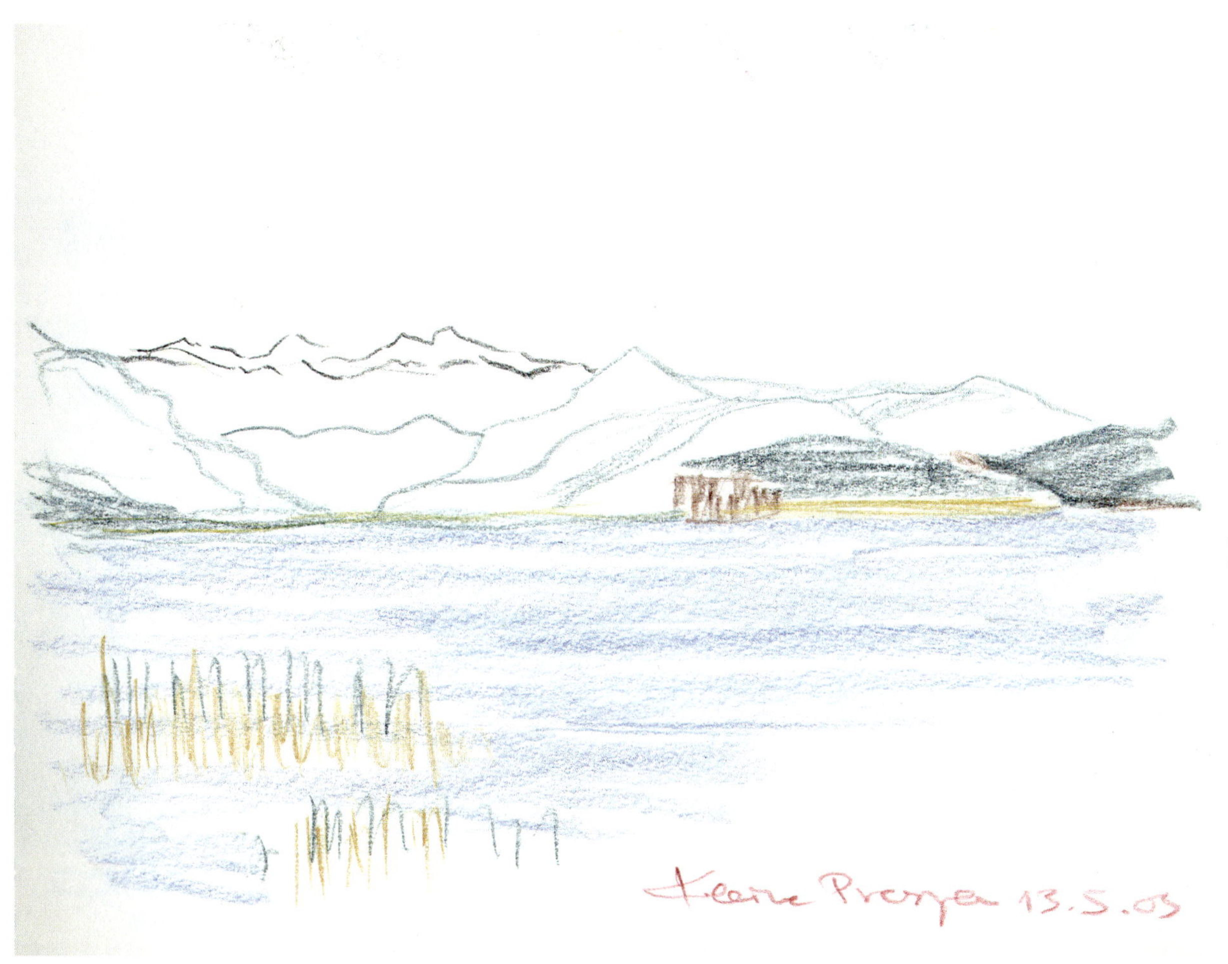

Griechenland | Greece | Ελλάδα

Prespes 2003

Bundstiftzeichnung | Colored pencil | Χρωματιστό μολύβι

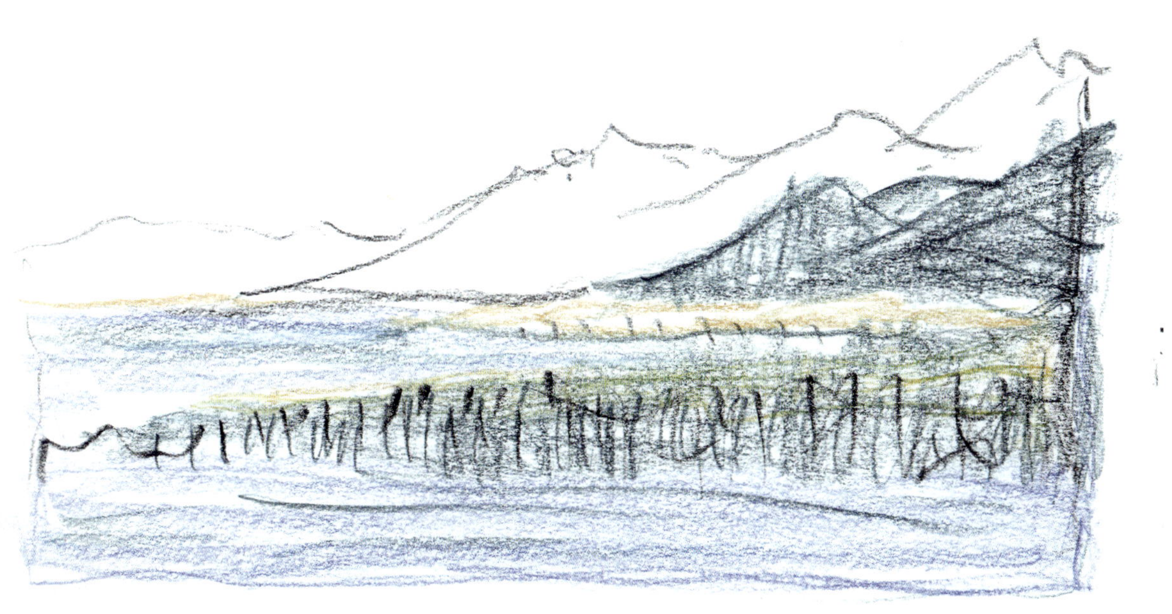

Πρέσπες 12.5.2009

Griechenland | Greece | Ελλάδα
Ioannina 2003
Kreidezeichnung | Chalk | Λαδοπαστέλ

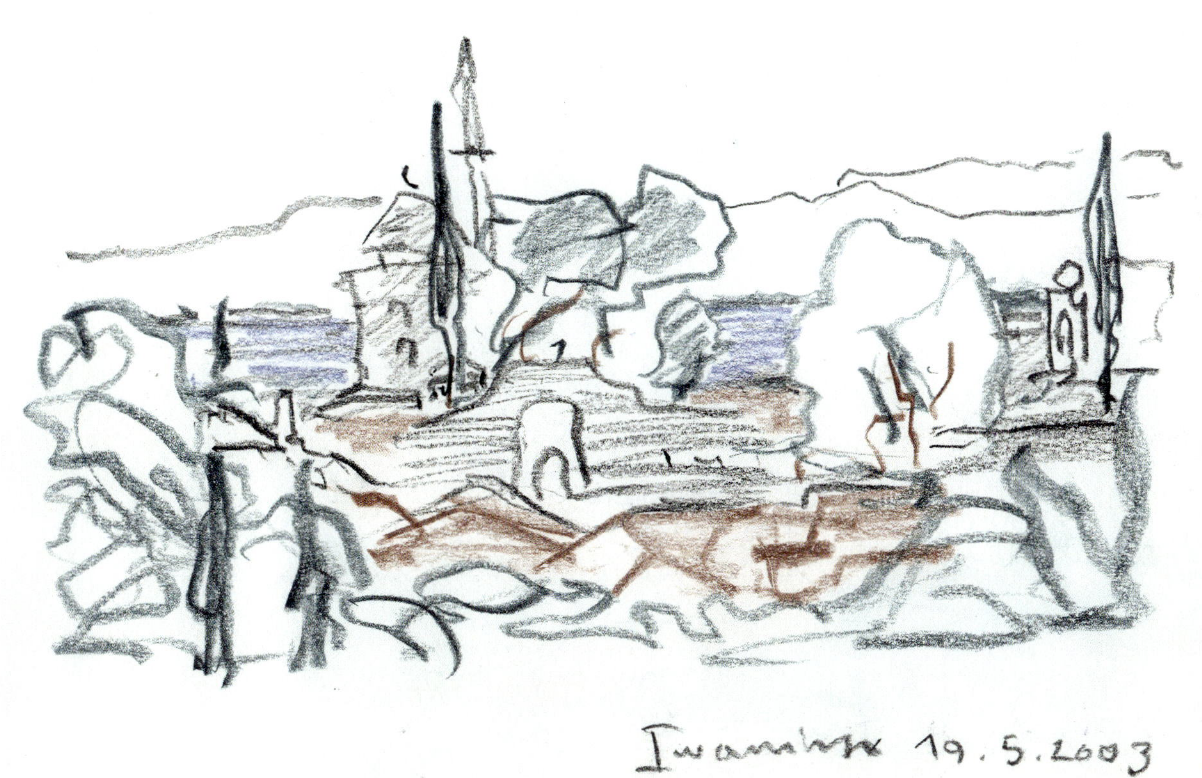
19.5.2003

Griechenland | Greece | Ελλάδα
Zagori – Kalogeriko 2003
Kreidezeichnung | Chalk | Λαδοπαστέλ

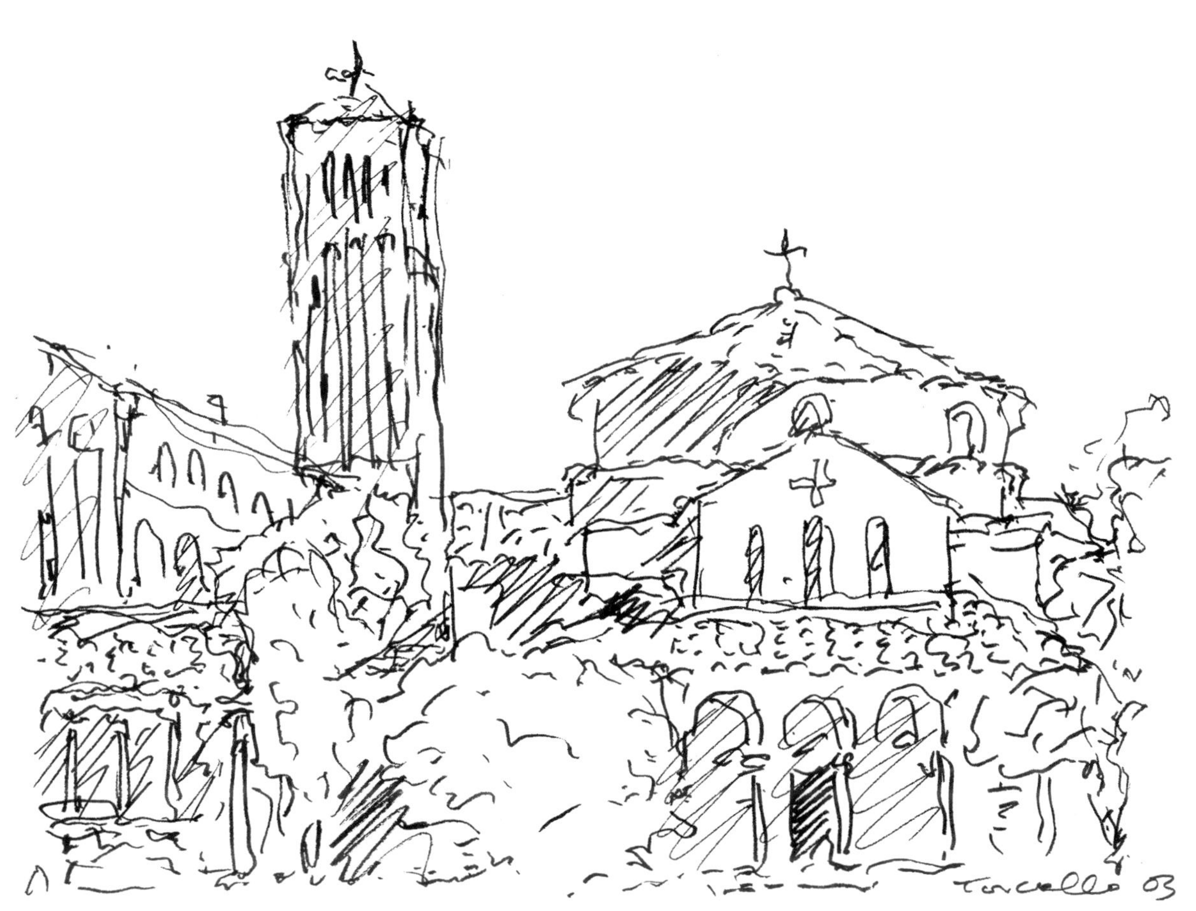
Torcello 03

Italien | Italy | Ιταλία

Santa Maria Assunta – Torcello 2003

Bleistiftzeichnung | Pencil | Μολύβι

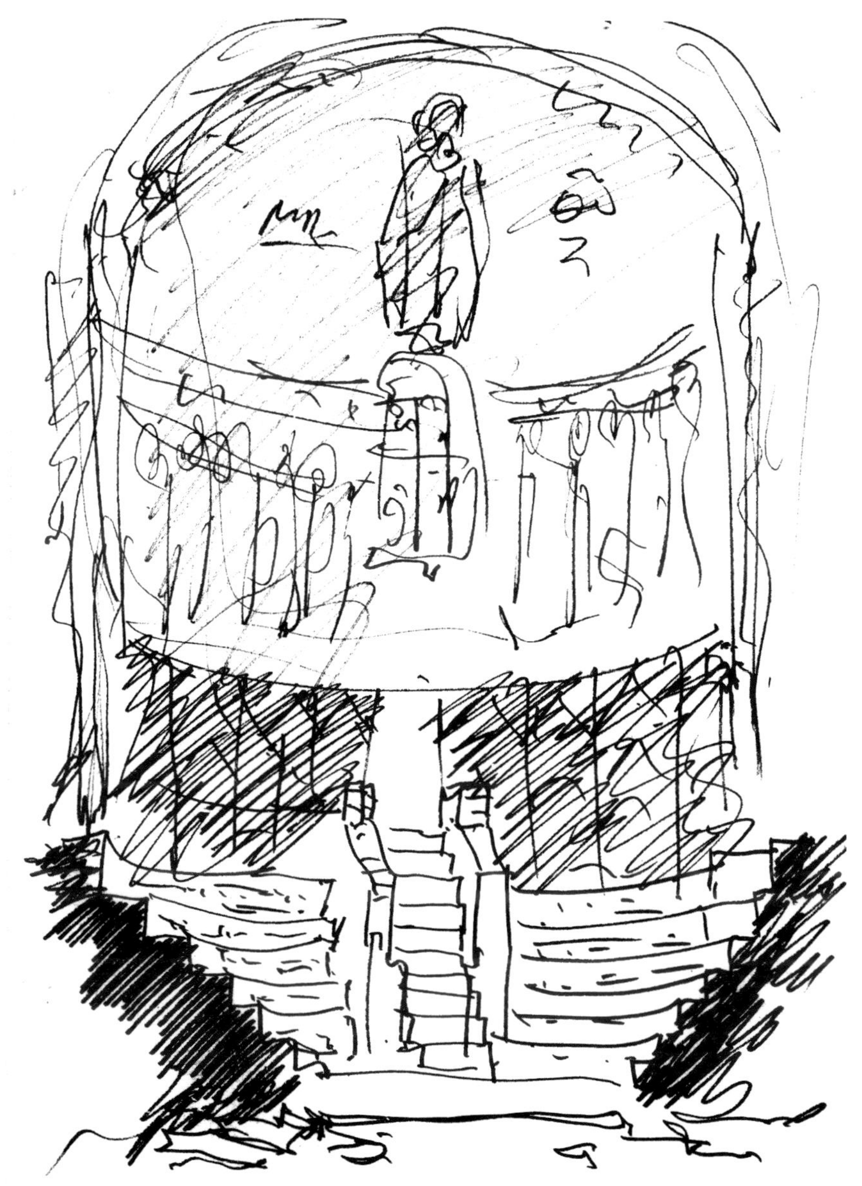

Griechenland | Greece | Ελλάδα

Zoodochos Pigi – Sikinos 2004

Federzeichnung | India ink | Σινική μελάνη

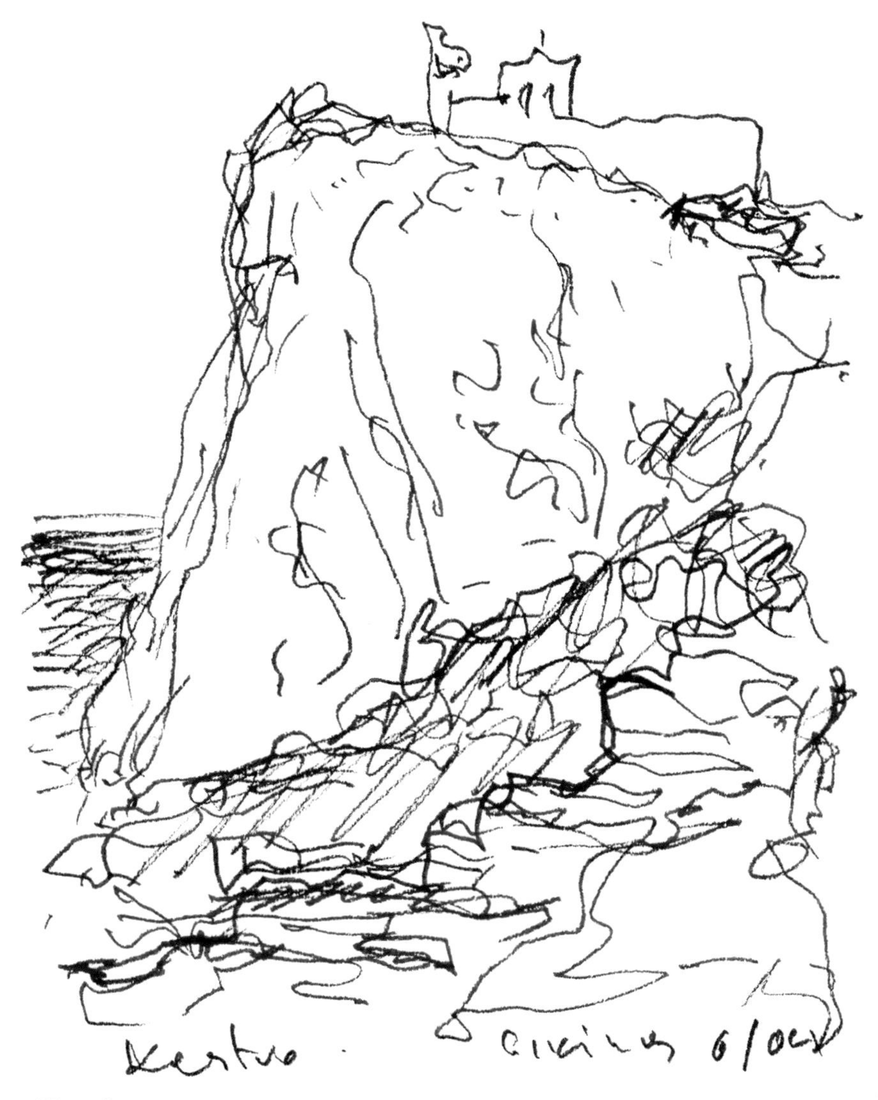

Griechenland | Greece | Ελλάδα
Zoodochos Pigi – Sikinos 2004
Federzeichnung | India ink | Σινική μελάνη

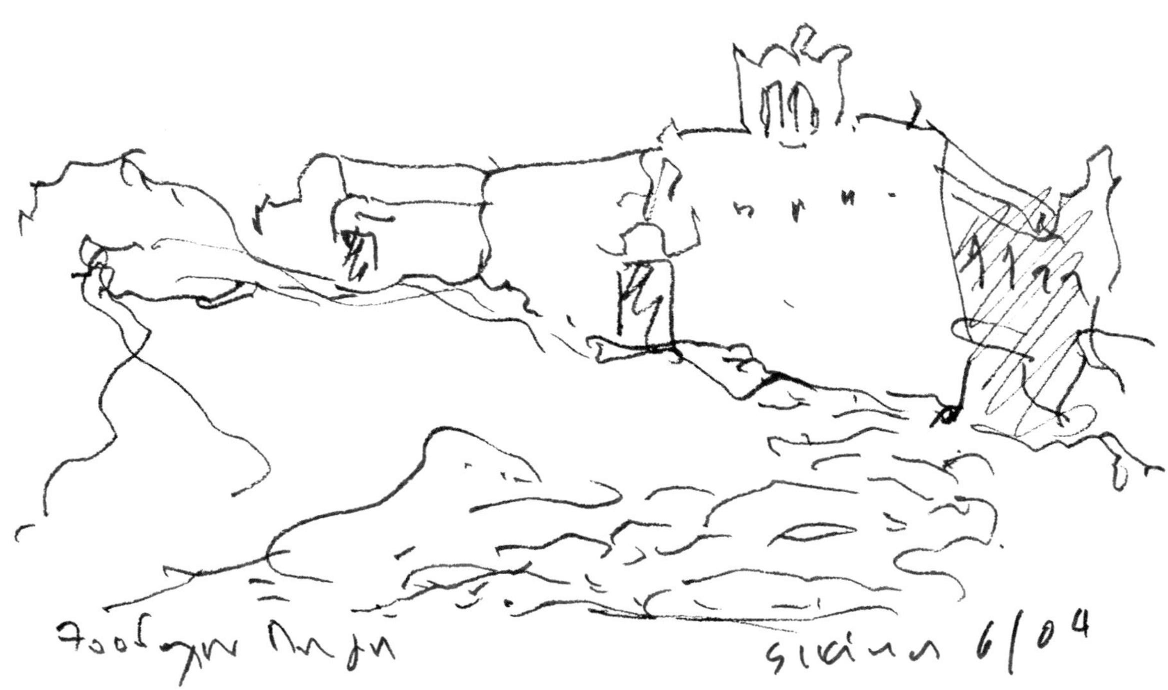
σικινος 6/04

Wolfgang Hilger

Geboren 1943 in Wien; aufgewachsen in Linz.
1961/62: Jusstudium. 1962-68: Studium der Geschichte, Kunstgeschichte und Germanistik (Dr. phil.). 1965-68: Institut für Österreichische Geschichtsforschung (Staatsprüfung).
1968/69: Österreichisches Staatsarchiv. 1969-78: Österreichische Akademie der Wissenschaften (Historische Kommission).
1978-85: Kulturabteilung der Niederösterreichischen Landesregierung. 1985- 2003: Kunstreferent der Kulturabteilung der Stadt Wien (Magistratsabteilung 7). 2003: Pensionierung.
1983-2006: Lehraufträge an Universitäten in Wien und München, Lektor an der Akademie der Bildenden Künste in Wien (Kunstgeschichte für Bildnerische Erziehung).
2002: Honorarprofessor der Universität Wien.
Edition von Papsturkunden; zahlreiche Publikationen zur österreichischen Geschichte, Realienkunde und zeitgenössischen Kunst, Katalogvorworte usw.

Born in 1943 in Vienna; grew up in Linz. 1961/62: Studies in law.
1962-68: Studies in History, Art history and German literature (Phd).
1965-68: Institute for Austrian historical research.
1968/69: Austrian National Archive. 1969-78: Austrian Academy of Sciences (committee of historical sciences).
1978-85: Cultural department of the federal state of Lower Austria.
1985-2003: Divisional head for Art at the cultural department of the city of Vienna (Magistratsabteilung 7). 2003: Retirement.
1983-2006: Teaching appointments at universities in Vienna and Munich, lector at the Academy of Fine Arts in Vienna (Art History for visual education). 2002: Honorary Professor at the University of Vienna.
Edition of papal documents. Numerous publications on Austrian history, material culture and contemporary art, introductions of catalogues and so forth.

Γεννήθηκε το 1943 στη Βιέννη. Μεγάλωσε στο Λιντς.
1961/62: Σπουδές Νομικής. 1962-68: Σπουδές Ιστορίας, Ιστορίας της Τέχνης και Γερμανικής Φιλολογίας (Phd). 1965-68: Ινστιτούτο Αυστριακών Ιστορικών Ερευνών.
1968/69: Εθνικά Αρχεία της Αυστρίας. 1969-78: Αυστριακή Ακαδημία Επιστημών (Ιστορική Επιτροπή). 1978-85: Πολιτιστικό τμήμα του ομόσπονδου κρατιδίου της Κάτω Αυστρίας.
1985-2003: Σύμβουλος σε θέματα τέχνης του πολιτιστικού τμήματος της πόλης της Βιέννης (7ο Δημοτικό Διαμέρισμα).
2003: Συνταξιοδότηση.
1983-2006: Διδασκαλία σε πανεπιστήμια της Βιέννης και του Μονάχου, λέκτορας στην Ακαδημία Καλών Τεχνών της Βιέννης (Ιστορία της Τέχνης για οπτική εκπαίδευση). 2002: Επίτιμος καθηγητής στο Πανεπιστήμιο της Βιέννης. Έκδοση παπικών εγγράφων. Πολλές δημοσιεύσεις για την ιστορία της Αυστρίας, τον υλικό πολιτισμό και τη σύγχρονη τέχνη, προλογικά κείμενα σε καταλόγους κ.ά.

Friedrich Kurrent

Geboren 1931 in Hintersee bei Salzburg. Lebt in Wien. Architekturstudium bei Clemens Holzmeister an der Akademie der bildenden Künste in Wien. Seit 1952 freischaffender Architekt. Assistent bei Konrad Wachsmann und Ernst A. Plischke. Gründungsmitglied der Österreichischen Gesellschaft für Architektur Lehrer an der Sommerakademie Salzburg. Von 1973 bis 1996 Professor für Entwerfen, Raumgestaltung und Sakralbau an der Technischen Universität München. Mitglied der Bayrischen Akademie der Schönen Künste.
Wichtige Bauten in den fünfziger bis siebziger Jahren in der „arbeitsgruppe 4" (mit Wilhelm Holzbauer bis 1964, mit Johannes Spalt bis 1974) waren die Kirche Parsch in Salzburg, das Seelsorgezentrum Steyr-Ennsleiten (a4 und J.G. Gsteu), das Kolleg St. Joseph in Salzburg-Aigen und die Zentralsparkasse der Gemeinde Wien, Floridsdorf. In den achtziger bis neunziger Jahren entstanden u.a. die Bergkapelle Ramingstein, die evangelische Kirche in Aschheim bei München, die katholische Kirche Kirchham in OÖ., der Universitäts-Campus Wien (mit ARGE AAKH) und die Maria Biljan-Bilger Ausstellungshalle in Sommerein, NÖ. (Fertigstellung 2004).
Zahlreiche Publikationen u.a. Städtezeichnungen (1999) und Einige Häuser, Kirchen und dergleichen (2001) und Texte zur Architektur (2006) Aufrufe, Zurufe, Nachrufe (2010)

Born in 1931, in Hintersee in the Salzburg area. Lives in Vienna. Studies in architecture under Clemens Holzmeister, at the Academy of Fine Arts. Independent architect since 1952. Assistant of Konrad Wachsmann and Ernst A. Plischke. Founding member of the Austrian Society for Architecture. Teacher at the Summer Academy of Salzburg.
Between 1973 and 1996, professor of design, interior design and sacral building at the Technical University of Munich. Member of the Bavarian Academy of Fine Arts.
Important buildings, between the 1950s and 1970s, as part of the 'arbeitsgruppe 4' (with Wilhelm Holzbauer till 1964, with Johannes Spalt till 1974): Parsch (church in Salzburg), pastoral centre Steyr-Ennsleiten (a4 and J.G.Gsteu), St. Joseph College (Salzburg-Aigen), central savings Bank of Vienna-Florisdorf. During the 1980s and 1990s, completed projects, among others: mountain chapel in Ramingstein, evangelical church in Aschheim (Munich), catholic church Kirchham (eastern Austria), university campus Vienna (with ARGE AAKH), Maria Biljan-Bilger exhibition hall in Sommerein (northern Austria - completion 2004).
Numerous publications, i.e.: *Städtezeichnungen* (city drawings, 1999), *Einige Häuser, Kirchen und dergleichen* (Several houses, churches and the like, 2001), *Texte zur Architektur* (Texts on Architecture, 2006), *Aufrufe, Zurufe, Nachrufe* (Calls, Acclamations, Obituaries, 2010).

Γεννήθηκε το 1931 στο Χίντερζεε, στην περιοχή του Σάλτσμπουργκ. Ζει στη Βιέννη.
Σπούδασε αρχιτεκτονική κοντά στον Clemens Holzmeister στην Ακαδημία Καλών Τεχνών της Βιέννης. Ελεύθερος επαγγελματίας από το 1952. Βοηθός του Konrad Wachsmann και του Ernst A. Plischke. Ιδρυτικό μέλος της Αυστριακής Αρχιτεκτονικής Εταιρίας. Καθηγητής στη Θερινή Ακαδημία του Σάλτσμπουργκ. Μεταξύ 1973 και 1996, καθηγητής Σχεδιασμού, Σχεδιασμού Εσωτερικών Χώρων και Ιερών Κτισμάτων στο Τεχνικό Πανεπιστήμιο του Μονάχου. Μέλος της Βαυαρικής Ακαδημίας Καλών Τεχνών.
Σημαντικά κτίρια, στις δεκαετίες 1950-1970, ως μέλος της Ομάδας Εργασίας 4 (με τον Wilhelm Holzbauer μέχρι το 1964, τον Johannes Spalt μέχρι το 1974): εκκλησία Parsch (Σάλτσμπουργκ), ποιμενικό κέντρο Steyr Ennsleiten (Ομάδα Εργασίας 4 και J.G.Gsteu), Κολλέγιο St. Joseph (Σάλτσμπουργκ-Άιγκεν), Κεντρικό Ταμιευτήριο της κοινότητας Φλόρισντορφ (Βιέννη). Έργα που ολοκληρώθηκαν, μεταξύ άλλων, στις δεκαετίες του 1989 και 1990: ορεινό παρεκκλήσι (Ραμινγκστάιν), ευαγγελική εκκλησία στο Ασχάιμ (Μόναχο), καθολική εκκλησία Kirchham στην ανατολική Αυστρία, η πανεπιστημιούπολη της Βιέννης (με ARGE AAKH) και το εκθεσιακό κέντρο Maria Biljan-Bilger (Ζομμεράιν, στη βόρεια Αυστρία - ολοκληρώθηκε το 2004).
Πολλές δημοσιεύσεις, μεταξύ των οποίων: *Städtezeichnungen* (Σχέδια Πόλεων, 1999) και *Einige Häuser, Kirchen und dergleichen* (Μερικά Σπίτια, Εκκλησίες και τα Συναφή, 2001), *Texte zur Architektur* (Κείμενα για την Αρχιτεκτονική, 2006), *Aufrufe, Zurufe, Nachrufe* (Εκκλήσεις, Επευφημίες, Νεκρολογίες, 2010).

Dimitris Manikas

Der 1938 in Hermoupolis, der Hauptstadt der griechischen Kykladeninsel Syros, geborene Architekt lebt seit 1958 in Wien und ist seitdem fester Bestandteil der Wiener Architektur- und Kunstszene. Hier studierte er bei Karl Schwanzer und Erich Boltenstern an der Technischen Universität und war Teilnehmer der von Günther Feuerstein geleiteten legendären Klubseminare für experimentelles Entwerfen. 1967 trat er als einer der ersten Mitarbeiter in das Atelier von Wilhelm Holzbauer ein, der gerade den Wettbewerb für den Rathausbau in Amsterdam gewonnen hatte. 1970/71 war Manikas in Amsterdam, wo er die Planung für den Rathausbau mit vorbereitete. Manikas war von Beginn an aktiv bei der Stadtgestaltung und Stadterneuerung (Spittelberg, Mariahilf) beteiligt. 1974 und 1982/83 nahm er an den wegweisenden Ausstellungen „Konfrontationen" und „Versuche zur Baukunst" der damals jungen Architekten teil. 1977 eröffnete der Architekt als freischaffender Baukünstler sein eigenes Büro und wurde im Jahr darauf von Johannes Spalt an die Hochschule, die heutige Universität, für angewandte Kunst geholt, wo er vorerst Assistent und später außerordentlicher Professor an der Meisterklasse von Wilhelm Holzbauer wurde.
Bereits unmittelbar nach Ende seines Studiums und verstärkt später, nachdem er sein eigenes Atelier eröffnet hatte, plante und errichtete Manikas als freischaffender Baukünstler Bauten für Wien, Athen, Paris, Berlin, Ios und Syros, projektierte und führte Stadterneuerungen durch, sanierte und erweiterte bedeutende Bauten der Vergangenheit und gestaltete Ausstellungen für Österreich und seine Heimat Griechenland. Erhaltung und zeitgemäße Interpretation einiger wichtiger Bauten der Jahrhundertwende und der Nachkriegszeit, wie z. B. des Wien Museums, des Kindertagesheims "Schweizer Spende" und der Wiener Urania, stellen seine vielfältige Tätigkeit unter Beweis. Teilnahmen an Wettbewerben und Ausstellungen im In- und Ausland waren und sind weitere wichtige Bereiche seiner Aktivitäten. Einem roten Faden gleich zieht sich durch viele seiner Arbeiten das Zusammengehen zwischen Alt und Neu als verbindender Zusammenhang.
All dies wurde und wird ergänzt und vervollständigt durch zahlreiche Studienreise: Holland 1968, 1980,1984,1993, UDSSR 1973, Ägypten 1978, Mexiko 1978, China 1986, Albanien 1989, Finnland1996 u.a.), Publikationen und Vorträge im In- und Ausland.

Born in 1938 in Hermoupolis, the capital of the Cycladic island of Syros, Dimitris Manikas moved to Vienna in 1958. There, he studied at the Technical University under Karl Schwanzer and Erich Boltenstern and participated in the legendary club-seminars for experimental design, founded by Günther Feuerstein. In 1967 he joined, as one of the first collaborators, the practice of Wilhelm Holzbauer, who had recently won the competition for Amsterdam's Town Hall. Between 1970 and 1971, he was in Amsterdam, where he took part in the planning for the construction of the Town Hall. From the beginning, Manikas was an active participant in city planning and urban renewal projects throughout Vienna, e.g. Spittelberg, Mariahilf. In 1974 and 1982/83, he was one of the still young architects taking part in the avant garde exhibitions entitled 'Konfrontationen' (Confrontations) and 'Versuche zur Baukunst' (Attempts towards an Art of Building). In 1977, Manikas founded his own practice as an independent architect. In the following year, he was asked by Johannes Spalt to teach at the Academy (today's university) of Applied Sciences. While starting as an assistant, he later became extraordinary professor, within the master class of Wilhelm Holzbauer.
Already soon after his studies and his work as an independent architect, Manikas designed and constructed buildings in Vienna, Athens, Paris, Berlin, Ios and Syros. In parallel, he also took part in planning and supervising urban renewal projects, reconstructing and extending prominent historic buildings, as well as designing exhibitions for Austria and his home country Greece. The preservation of important buildings of the turn-of-the-century and post-war period demonstrate his diverse field of activities, e.g. the Vienna Museum, the nursery school Schweitzer Spende (Swiss Donation) and the Viennese Urania.
His participation in competitions and exhibitions —at home and abroad— were and continue to be important areas of his activities. The merging of Old and New as a binding combination remains a central theme throughout much of his work.
All the above were and continue to be complemented through numerous study trips (Holland 1968/1980/1984/1993, USSR 1973, Egypt 1978, Mexico 1978, China 1986, Albania 1989, Finland 1996 - among others), publications and lectures at home and abroad.

Γεννημένος το 1938 στην Ερμούπολη της Σύρου, ο Δημήτρης Μανίκας ζει στη Βιέννη από το 1958 έχοντας ενσωματωθεί έκτοτε πλήρως στην καλλιτεχνική και αρχιτεκτονική σκηνή της πόλης. Εκεί, σπούδασε στο Τεχνικό Πανεπιστήμιο, κοντά στον Karl Schwanzer και τον Erich Boltenstern, και συμμετείχε στο θρυλικό σεμινάριο λέσχης για πειραματικό σχεδιασμό, που ίδρυσε ο Günther Feuerstein. Το 1967 προσελήφθη, ως ένας από τους πρώτους συνεργάτες, στο ατελιέ του Wilhelm Holzbauer, που είχε μόλις κερδίσει τον διαγωνισμό για το Δημαρχείο του Άμστερνταμ. Μεταξύ 1970 και 1971, ο Μανίκας ήταν στο Άμστερνταμ, όπου έλαβε μέρος στον σχεδιασμό για την κατασκευή του Δημαρχείου. Από την αρχή, ο Μανίκας συμμετείχε ενεργά σε προγράμματα αστικού σχεδιασμού και αστικής ανάπλασης σε όλη τη Βιέννη, π.χ. Σπίτελμπεργκ, Μαριαχίλφ. Το 1974 και το 1982/83 ήταν ένας από τους νέους, ακόμα τότε, αρχιτέκτονες που έλαβαν μέρος στις πρωτοποριακές εκθέσεις «Konfrontationen» («Αντιπαραθέσεις») και «Versuche zur Baukunst» («Πειράματα Οικοδομικής Τέχνης»). Το 1977, ο Μανίκας άνοιξε δικό του γραφείο ως ελεύθερος επαγγελματίας. Τον επόμενο χρόνο, ο Johannes Spalt τον κάλεσε στην Ανωτάτη Σχολή —σημερινό πανεπιστήμιο— Εφαρμοσμένων Τεχνών. Ξεκίνησε ως βοηθός κι αργότερα έγινε έκτακτος καθηγητής στην Τάξη των Μαστόρων του Wilhelm Holzbauer.

Από το τέλος των σπουδών του, και ιδίως από τότε που εργάστηκε ως ελεύθερος επαγγελματίας, σχεδίασε και κατασκεύασε κτίρια στη Βιέννη, την Αθήνα, το Παρίσι, το Βερολίνο, την Ίο και τη Σύρο. Παράλληλα, έλαβε μέρος στον σχεδιασμό και την εποπτεία προγραμμάτων αστικής ανάπλασης, ανακαινίζοντας και επεκτείνοντας σημαντικά ιστορικά κτίρια, αλλά και σχεδιάζοντας εκθέσεις για την Αυστρία και την πατρίδα του, την Ελλάδα. Η διατήρηση και μετατροπή σημαντικών κτιρίων από την αλλαγή του αιώνα και τη μεταπολεμική περίοδο —για παράδειγμα, το Μουσείο της Βιέννης, το νηπιαγωγείο Schweitzer Spende (Ελβετική Δωρεά) και το βιεννέζικο Urania— μαρτυρούν το εύρος των δραστηριοτήτων του.

Συμμετέχει επίσης ανελλιπώς σε διαγωνισμούς και εκθέσεις στην Αυστρία και το εξωτερικό φροντίζοντας για την αρμονική συνύπαρξη του παλιού με το καινούριο, που άλλωστε αποτελεί κατευθυντήρια γραμμή σε πολλά από τα έργα του.

Πολύ σημαντικά είναι επίσης τα αναρίθμητα ταξίδια μελέτης, που πραγματοποίησε και πραγματοποιεί — Ολλανδία (1968/1080/1984/1993), ΕΣΣΔ (1973), Αίγυπτος (1878), Μεξικό (1978), Κίνα (1986), Αλβανία (1989), Φινλανδία (1996) κ.ά. Έχει πραγματοποιήσει πολλές δημοσιεύσεις και διαλέξεις στην Αυστρία και το εξωτερικό.

Layout
NIKO MANIKAS

Translation from the German language
KARINA LAMPSA

Editor
DAPHNE CHRISTOU

Printing
ELIKON Ltd.